宿題からの解放

子どもも親も学校も、そして社会も

丸山啓史 著

かもがわ出版

装画・うにのれおな

はじめに

この本は、学校の宿題についての本です。ただし、宿題の出し方や宿題のさせ方だけを扱うものではありません。

そもそも宿題は何のためにあるのだろうか、本当に必要なのだろうか、宿題の問題点はどんなところにあるのか――そんなことを話題にしていきます。宿題を通して、今の学校教育のあり方、社会のあり方を問い直します。

同時に、宿題について、みんなの肩の荷が軽くなるような工夫を探ります。学校や社会を急に大きく変えるのは、簡単なことではなさそうです。現状のなかでもできる取り組みを見つけていきましょう。

宿題のことで困っている子どもたちや保護者の方々、宿題のことで頭を悩ませている学校の先生や学童保育の指導員さんなど、みんなで学校の宿題について考えていけたらと思っています。

もくじ

第7章 宿題をどうする？ 137

●囲み記事●

第1章

宿題に振りまわされて

1　子どもも親も困っている

はじめに、保護者の声に耳を傾けてみたいと思います。

娘が小学校に入学して、息つく間もなく宿題が始まり、親子関係が悪化しました。毎日、宿題をめぐって親子喧嘩です。帰宅してから何度「宿題は?」と聞くかわかりません。それでも宿題をしない娘に「早くしなさい!」と声をかけ、家事の手を止めて宿題に付き合います。

「どうして宿題なんか…」「どうせできないもん」と嫌がる娘を叱ったりなだめたりしているうちにこちらもぐったりして、「早くやりなさい!あなたの宿題でしょう!」と大声を上げ、娘が泣きながら宿題をする。このパターンが毎週のように繰り返されています。(1)

学校や学童から帰宅後の皆さんの子どもさんの挨拶は、「ただいま」ですか？我が家の帰宅後の次男は「お腹減った〜」「宿題死ね」のどちらかです。（中略）小学校に入学して、帰宅後は「今日はなぁ。国語で『む』習ったよ。むずかしいけどなぁ」や「算数でかぁかの誕生日の『8』習った」など学ぶことが本当に楽しいんだなぁと感じていました。

しかし、夏休みも終わり二学期になると、カタカナに漢字、足し算に引き算、運動会の練習などで疲れていたのかも知れませんが、「しんどい」「宿題多い」と訴えるようになりました。

そんな時私は、「連絡ノートにしんどくて宿題出来ていない旨を書くし、やらなくても良いよ」と次男に言っても、「やらないとアカン」と何が何でも宿題をする。すると、イライラしながら宿題するので、字が丁寧に書けず、文章問題が分からず涙が出てくる次男。そこまで追いつめられる宿題(2)。

*　*　*

＊　　＊　　＊

小学校高学年の次女の放課後は短い。授業を終えて帰宅し、宿題を済ませれば、もう17時を過ぎる。「一緒に宿題をする」というのが、彼女が友達と放課後を過ごす苦肉の策で、おやつを食べながら宿題をし、残った時間をわずかに遊ぶ。

1年生の三女はいま、勉強や学校生活が楽しくて仕方がない。プリントや教科書をうれしそうに見せに来る。そんな妹に姉たちは、「今だけや」とささやくのである。

小学校に入学するとき、学ぶことへの意欲と期待で子どもたちの胸はいっぱいになる。長女も、次女もそうだった。それが、「めんどうくさい」「おもしろくない」とため息をつくようになるのは、いったいいつから、どうしてなのだろう。

学年が上がるごとに、時間に追われていく子どもたち。放課後の時間の多く（休日まで！）に課せられる宿題。学習が進むスピードも速い。「考えている間に次に進んでしまう」「おもしろくなってきた！と思ったら、すぐに終わって次にいくねん」と子どもたちはこぼす。(3)

＊　　＊　　＊

3名の保護者の文章から読み取れることを、簡単に整理してみましょう。

・子どもは宿題を嫌がっている
・すべての子どもが宿題をうまくこなせるわけではない
・子ども自身が「宿題をしなければならない」という思いに追いつめられている
・宿題があることで子どもたちの遊ぶ時間が少なくなっている
・保護者が子どもの宿題に付き合うこともある
・宿題が親子の衝突につながっている
・宿題が子どもや保護者に大きな負担を与えている

子どもにとっても、保護者にとっても、学校の宿題は厄介な存在のようです。

2　宿題は嫌なもの

学校の宿題が子どもたちを悩ませるのは、今に始まったことではありません。ずっと以前から、子どもたちは宿題に苦しめられてきたようです。小学生が登場するマンガや物語からも、そのことがうかがえます。

「まる子ちゃん」と「のび太くん」

小学校3年生が主人公の『ちびまる子ちゃん』は、1970年代に小学生だった作者の体験が投影された作品です。

第2話「宿題をためた まる子ちゃん の巻」は、8月3日までしか書かれていない日記帳を手にした、8月31日のまる子ちゃんの（縦線の影でいっぱいの）後ろ姿から始まります。「ふりむけば、そこには1学期の終業式の日以来ほっぽりなげてあるランドセル」という絶望的な状況です。

まる子ちゃんは、友だちの「なつやすみの友」を写し（でも、友だちも算数の文章問題をやっていない……）、残っていた28日分の日記を家族総動員で何とか完成させます（真夜中になっていました）。そして、工作の宿題もあることを思い出し、泣きながらヘンテコリンな貯金箱を作ります。


『ドラえもん』のなかで野比のび太くんが宿題に苦労する姿は、多くの人になじみがあるものでしょう。宿題のせいで、家ではママにガミガミ言われ、学校では先生に叱られます。遊びに行きたいのに宿題がある、マンガを読みたいのに宿題がある、という日常が描かれています。

のび太くんがドラえもんの道具に頼りたくなる気持ちもわかります。自動的に答えを書いてくれる「コンピューターペンシル」を使って宿題を終わらせたり、宿題を片づけるために「ハッスルねじ」で動きを速めたり、「タッチてぶくろ」を使ってドラえもんに宿題を押しつけたりと、のび太くんはあの手この手で宿題から逃れようとします。

マンガの話ではありますが、宿題という存在の小学生にとっての大きさを感じさせます。宿題に四苦八苦する主人公の姿は、読者となる子どもたちの共感を呼ぶのかもしれません。

●●●『宿題ひきうけ株式会社』

宿題をめぐる騒動が描かれているのは、マンガだけではありません。有名な児童文学作家の古田足日氏は、『宿題ひきうけ株式会社』という物語を書いています（旧版は1966年に、新版は1996年に出ています）。

サクラ小学校の5年3組の子どもたちが、思いついて「宿題ひきうけ株式会社」を始めます。宿題を本人の代わりにやってくれる会社です。社長のタケシと社員5人は、みんな子どもです。友だちに10円とか15円とかを出させて、会社の事業が動き始めます。宿題を助けてほしい子どもが何人もいたわけです。

調子よく進みだしたものの、ある事件をきっかけに会社のことを先生に知られてしまい、宿題ひきうけ株式会社は解散を余儀なくされました。けれども、その後にいろいろなことがあり、最後には会社の仲間が「試験・宿題なくそう組合」を結成することになります。

ぼくたち、教育委員会にだって行ったんだよ。サクラ市のぜんぶの小学校の先生や父母の代表の人とね。そして、たのんだのさ、宿題を少なくしてくださいってね。アキちゃんのいうのには、子どもには請願の権利がないそうで、市会には出せなかったけれどもね。でも、教育委員会の人、それでいろいろしらべてくれて、土曜日には宿題が出ないことになったんだ。

物語の終盤、労働組合のデモ隊を教室から見ていたタケシの頭には、一つの情景が浮かびます。子どもたちが旗を立て、プラカードを持って行進していく姿です。「入学試験反対！」「通信ぼ反対！」「宿題反対！」――子どもたちは叫びます。先頭にある旗は、宿題ひきうけ株式会社の旗になるはずだった、ドクロの海賊旗でした。

作品中には、宿題ひきうけ株式会社の社長だったタケシが未来について考える場面があります。「試験がない、宿題がない未来だってくるかもしれない。でも、どんなにしたらその第三の未来が来るのかな?」「それとも子どもはどんな未来になっても、試験と宿題にくるしめられるのか……」と、タケシは問いかけました。タケシたち小学生に宿題が重くのしかかっていたのです。

『五年二組の宿題戦争』

教師の経験もある児童文学作家の浜野卓也氏には、『五年二組の宿題戦争』という作品があります(偕成社、1982年)。

新年度が始まり、5年2組の担任になったクマみたいな先生は、「たのしいクラスをつくるには」を学級会のテーマにします。その学級会で、チビ松くんは、「学校は勉強するところ」「家庭はいこいの場」と切り出しました。その主張を先生に認めさせたチビ松くんは、得意気に、「いこいの場だとすると、勉強するところじゃないわけ」と語ります。

続いて、5月になると、5年2組の壁新聞に、「家庭のだんらんをまもれ――土曜日の宿題は考えもの」という記事が出ます。オヒメが書いたもので、そこには次のようなことが書かれていました。

まだ、先生の考えがきまらないのですか。もし、わたしたちが、土曜日の夜も、学校とおなじように宿題の勉強をして、おとうさんも、会社とおなじように、家にかえってからも仕事をして、また、おかあさんも、ひるまとおなじように、せんたくしたり、そうじしたりしたら、週末の家庭のだんらんがなくなってしまいます。

担任のクマさんは、土曜日には宿題を出さないことを決めます（土曜日にも小学校の授業があった頃の話です）。

ところが、それに反発したのが、「PTAのおばさんたち」でした。「土曜日の宿題の廃止の廃止」を求めて、先生に話に行きます。また、クマさんが学校を休んだ土曜日に、5年2組にやってきた教頭先生は、「わたしは、わたしの方針にしたがって宿題をだす」

と言って、宿題を出してしまいます。

納得のいかない子どもたちは、みんなで学校を出て天神さんの社殿に集まり、ストライキを開始します。求めたのは、クマさんの教育方針を守ること、学級会で決めたことにPTAが口を出さないこと。「右のやくそくをするまで、われわれはストライキをつづける」という宣言文を、主人公の「わたし」が学校に届けます。

愉快な物語なのですが、5年2組の子どもたちによる宿題への問題提起は痛烈です。

作品に共通すること ●●●

『五年二組の宿題戦争』のなかでは、「わたし」の母親が、「生徒は、いつの時代だって宿題がきらいだわ」と言っています。

その通りです。まる子ちゃんも、のび太くんも、宿題が好きではありません。宿題をしたくない小学生が何人もいたから、「宿題ひきうけ株式会社」ができ、「宿題なくそう組合」ができたのです。

当たり前のように思われるかもしれませんが、右でみた各作品は、「宿題は嫌なもの」という理解を背景にもっています。そして、そうした理解は、おそらく多くの子どもと大人に共有されています。

そんなに嫌われている宿題が、今も相変わらず続いているのです。考えてみると、少し不思議な気もします。

3 教師も楽じゃない

学校の宿題を負担に感じているのは、子どもと保護者だけではありません。宿題を出している教師自身にとっても、宿題は重荷になります。

まず、宿題を考え、子どもたちに伝え、場合によってはプリント等を用意しなければなりません。子どもたちが宿題をしてきたら、必要に応じて丸つけをしたりコメントを書いたりします。宿題をしてきていない子がいたら、「どうしたの？」と確認しなければばなりません。欠席した子に宿題のための一式を届けたり、「〇〇のために宿題ができませんでした」という保護者からの連絡を受けたりすることもあります。けっこうな仕事量です。

ある調査では、小学校の教師が一日のなかで宿題の確認に要する時間が平均で43分に及んでいます(4)。宿題の「確認」に費やす時間だけでも、一つの授業の時間に匹敵するのです。宿題に関係する仕事をすべて合わせると、さらに長い時間になりそうです。

２０２１年に文部科学省が公表した「全国の学校における働き方改革事例集」をみても、宿題に関する事例がいくつか掲載されています。宿題を最小限の量にしたり、量より質を重視した宿題に改善したりすることで、仕事時間を年に70時間ほど（1日あたり20分ほど）削減できるとのことです。

教師の負担軽減という観点を軸に学校教育のあり方が考えられていくことには疑問も湧きますが、いずれにしても、文部科学省も認めるほど、宿題が教師の負担になっているわけです。

そして、教師が忙しいと、子どもたちと教師との関わりが制約されてしまいます。たとえば、ある小学校の先生が書いた文章のなかには、次のような情景が出てきます。

漢字の宿題を休み時間に私が丸つけをしている。背中には「おんぶー！　あそぼー！」とせがむ子どもがいる中で「丸。うーん。丸」と丸をつけて、「わー！」と一緒に遊びながら、すっと椅子に座りまた宿題を丸つけて、その日のうちに返している。(5)

宿題を忘れて、休み時間に先生が思いきり一緒に遊んでくれたら、子どもたちもさぞかし楽しいだろうに……と思ってしまいます。

しかし、一人の教師が宿題をやめようと思っても、実際に宿題をなくすのは簡単ではありません。学校としての方針も関係してくるでしょう。同僚の目も気になります。一つの学年に複数の学級がある場合には、他の学級との関係も考えることになりそうです。「宿題を減らしてほしい（なくしてほしい）」と考える保護者もいる一方で、「しっかり宿題を出してほしい」「宿題を増やしてほしい」という保護者もいます。

教師もまた、宿題に縛られているのだと思います。

4 学童保育は板ばさみ

学童保育も、学校の宿題の影響を強く受けます。学童保育の関係者が集まると、しばしば宿題が話題になります。

全国学童保育連絡協議会の月刊誌『日本の学童ほいく』でも、宿題についての特集が一度ならず組まれてきました。１９７８年11月号の特集「宿題にとりくむ子どもたち」の冒頭では、当時も学童保育の父母会（保護者会）で宿題について話し合われていたことが記されています。「学童保育で宿題をやらせてほしい」といった意見や、「学童保育は勉強するところではない」「学童保育は遊びが中心」といった意見が交わされていたようです。学校の宿題への学童保育の対応のあり方が、半世紀ほども前から問題になっていたわけです。

学童保育の指導員は、自分たちが出したわけでもない宿題に悩まされます。子どもたちが宿題に苦労する姿を目にしつつも、宿題を変えたり減らしたりすることが指導員にはできません。学童保育での遊びを子どもたちが思う存分に楽しむことを願いながらも、「宿題なんて放っておけばいいよ」とはなかなか言えません。

子どもたちと家族の生活の実情を思い浮かべると、「学童保育で宿題を終わらせてきてほしい」という保護者の思いはよくわかります。ご飯を食べたり、お風呂に入ったりしながら、親子ともに慌ただしい夜を過ごしていたりします。宿題を学童保育でしておいたほうが、子どもたち自身も家で落ち着けるかもしれません。

一方で、学童保育に帰ってくるのは、学校で何時間も勉強をがんばってきた子どもたちです。「さあ、宿題!」となる前に、ほっと一息つける時間、ゆったりできる時間があってよい。そう思うのは自然なことでしょう。

また、学童保育は、子どもたちが遊びに熱中できるはずの場です。児童福祉法でも、学童保育については、「遊び及び生活の場」と書かれています。決して「宿題の場」とは書かれていません。（宿題ではなく）豊かな遊びを子どもたちに保障したいという指導員の思いは、当然のものです。

ある指導員は、学校の宿題をめぐる葛藤を次のように記しています。

子どもたちの自由な時間を奪うかのようにあるのが、「宿題」です。最近では、保護者から「宿題を学童でやらせてほしい」という声が上がっています。なかなか終わらない宿題に、子どもも保護者もイライラしているような状態が続いています。学童として、子どもたちの遊べる時間を確保したいという職員たちの思いから、宿題をすることを強制していません。しかし、宿題に対してどう対応していくのが、子どもにとって良いのか、職員として、日々葛藤しています。子どものことを考えると宿題が無くなっていけば良いと私は思います。(6)

宿題がなくなればよい――そういう意見について、みなさんはどう思われるでしょう。

本当に宿題は必要なのでしょうか。もし必要なのだとすると、何のために必要なのでしょう。そもそも、宿題の目的は何なのでしょうか。

第2章では、そうした問題について考えます。

我が家の宿題事情

私の家には2人の小学生がいます。6年生のSと3年生のKです。学校の宿題は、研究の対象であるのと同時に、親としての悩みの種でもあります。

Sは、小学校に入ったばかりの頃、文字を書く練習に苦しみました。なかなか自分が納得するように書けず、書いては消し、書いては消し、を繰り返していました。「十分うまく書けていると思うよ」と親が声をかけても、「こんなんじゃダメだ！〝なおし〟になる！」と言い返されます。「無理してやらなくても……」と言うと、「やらないわけにいかない！」

と癇癪《かんしゃく》を起こすので、私は困惑しました。
そうした家での状況を連絡帳に書き、「字の歪みなどは大目に見てやってほしい」と先生にお願いしたものです。

今はSもKも特別に大きな苦労はせずに宿題をこなしているようですが、（当たり前のことながら）喜んで宿題に向かうわけではありません。ぎりぎりまで宿題を避け、仕方なく宿題を片づけているという印象です。朝になってからドリルやノートを机に広げるのが普通になっています。週末の宿題を月曜日の朝にしていることも珍しくありません。

我が家では、「まず宿題をしてから◯◯すること」というような決め事はしていないのです。放課後に友だちと遊ぶ時間も大切だと思いますし、宿題は本人が思うようにやればよい（やらなくてもよい）という感覚もあり、親が「適当」なので、いつ宿題をするかは（宿題をするかどうかも）、本人たちに任せています。
ただ、朝ごはんの時間になってからKが宿題を始めようとしたり、朝ごはんの用意ができているのにSが宿題を続けていたりするため、親子でもめることがあります。

また、SやKが宿題に手こずり、登校する間際になって、「間に合わない！」となることがあります。そうすると、「学校、休む！」などと言い出すので、それを親がなだめることになります。

もっとも、Kは、2年生のとき、宿題が間に合わないとなると、「学校でやればいいや」と言って、宿題を終わらせないまま家を出ました。融通がきくようになって、たくましくなったと感じました。

また、Sは、5年生のとき、宿題をやりきれなかったので、「忘れたことにしよう」と家で言い放ちました。「しなかった」「できなかった」のではなく、「したけれど、持ってくるのを忘れた」ことにしよう、というわけです。どちらにしても叱られるような気はしましたが、Sの成長を感じたものです。宿題をせずに学校に行くことができるというのは、立派なことだと思います。

おおまかに言うと、我が家での宿題の扱いは「適当」です。国語の教科書の音読は、ほとんど聞いたことがありません。聞いていなくても、「音読カード」にはサインをしてきました。子どもたちが自分で「おうちの人のサイン」を書くこともあります（Kは「ばれてない」と言いますが、そんなはずはないと私は思っています）。また、Sが計算問題の答えをノートに丸写ししていても、計算ドリルの宿題に電卓を使っていても、それを親が強く止めることはしませんでした。

明確な理念、確固とした理論があってのことというより、「ともかく平穏に宿題を終わらせておくれ」という感覚によるものという気がしますが、そんなふうになっています。

なお、「GIGA端末」とも呼ばれるタブレットを用いる宿題は、我が家には入ってきません。家庭へのタブレットの持ち帰りにあたり、「きちんと管理します」という保護者の誓約書の提出を学校から求められたのですが、きちんと管理できるとはとても思えなかったことなどから、誓約書を出しませんでした。

そのため、我が家では、タブレットを宿題に使うことはありません。Kの2年生の夏休みには、学校で育てたトマトの成長をタブレットで撮影して記録するという宿題がありましたが、Kはしなくてもよいことになり、本人は喜んでいました。

第2章

宿題は何のため？

学校の宿題の目的は、子どもたちの学力を高めることでしょうか。「当たり前です。そうに決まっています」と答える人もいると思います。けれども、「それは違う。主な目的は家庭学習の習慣の確立だ」と考える人もいるはずです。また、別の人は、「宿題にたいした意味はない。宿題は必要ない」と主張するかもしれません。

実は、学校の教師の間でも、そもそも宿題が何のためにあるのか、宿題の目的は何なのか、はっきりした共通理解はないようです。(1) 宿題を出す側からしてそういう状況なので、宿題についての保護者の意識もさまざまです。

子どもたちは、宿題をする理由をどう思っているのでしょうか。気になるところです。

1　宿題の目的は曖昧

私は、京都教育大学で担当している講義のなかで、「これまでに大学の講義等で宿題についての話を聞いたことがありますか?」と学生に尋ねることがあります。「ある人は？」と私が右手を挙げてみても、学生の手が挙がることは滅多にありません。まれに手が挙がるので、「おっ⁉」と思って聞いてみると、「丸山先生の授業で…」と言われたりします。

小学校の教員免許を取得する教員養成課程においても、学校の宿題について学び考える機会は皆無に近いのです。算数や体育に関する科目はあっても、「宿題論」というような科目はありません。それどころか、何かの科目のなかで宿題の問題に触れるということもないようです。

一方で、小学生は、音楽の授業よりも長い時間を宿題に充てていたりします。また、小学校の教師の多くは、図画工作の授業よりも宿題の確認に長い時間を費やしているのではないでしょうか。

それなのに、教員養成のなかでは「宿題」が放置されています。現職教員の研修で宿題がテーマになることも、ほとんどないと思います。宿題の目的について、まとまった説明を聞いたことのある教師は少ないはずです。

日本では、宿題をめぐる研究も活発ではありませんでした。学校教育に関して多くの著作のある家本芳郎氏は、『宿題 出す先生 出さない先生』（学事出版、１９９７年）という本のなかで、「宿題は教育研究の周辺の問題で、文献もまったくない」と述べています[2]。

当時も宿題についての論文は存在していたので、宿題に関する文献が「まったくない」というのは言い過ぎなのですが、極めて少なかったのは確かです。そして、そうした状況は、現在もあまり変わっていません。

教育に関する研究の世界で、「宿題」は端のほうに追いやられています。宿題の役割、宿題の効果が研究によって十分に明らかにされているわけではありません。

さらに、意外に思われるかもしれませんが、学校の宿題は、文部科学省が定める学習指導要領でも無視に近い扱いです。

小学校の学習指導要領を見ても、「宿題」という言葉は出てきません。３００ページ以上もある冊子のどこにも、「宿題」という言葉が見当たらないのです。

経験に基づく宿題観

教員養成課程で学ぶ大学生を対象に、宿題に関するアンケート調査を行ったことがあります[3]。

項目A「自分が小学生のとき、宿題をとても負担に感じていた」への回答と、項目B「宿題は小学生にとって負担になる」への回答とを合わせてみると、表のようになります。項目Aへの回答と項目Bへの回答が似通う傾向がうかがえます。

自分が小学生のときに宿題を負担に感じていた人は、「宿題は小学生にとって負担になる」と考えることが多いのです。自身の経験をもとに、小学生一般にとっての宿題の性格を考えているようです。

ものごとを自分の経験に基づいて理解するのは自然なことですが、ものごとを自分の経験だけで判断するようになると、それは危ういことだと思います。

		Bへの回答					
		そう思わない	あまりそう思わない	ややそう思う	そう思う	無回答など	合計
Aへの回答	そう思わない	19	28	17	3	0	67
		28.4%	41.8%	25.4%	4.5%	0.0%	100.0%
	あまりそう思わない	7	78	39	5	0	129
		5.4%	60.5%	30.2%	3.9%	0.0%	100.0%
	ややそう思う	4	27	42	4	0	77
		5.2%	35.1%	54.5%	5.2%	0.0%	100.0%
	そう思う	3	9	11	13	0	36
		8.3%	25.0%	30.6%	36.1%	0.0%	100.0%
	無回答など	0	1	1	0	0	2
		0.0%	50.0%	50.0%	0.0%	0.0%	100.0%

＊A「自分が小学生のとき、宿題をとても負担に感じていた」
＊B「宿題は小学生にとって負担になる」
丸山（2013）［注（3）］をもとに作成

学校では学習指導要領への準拠が（上から、しつこく）強調されているものの、大きな顔をして幅をきかせている宿題は、学習指導要領に明記されていません。日本の学校にはびこる「学習指導要領主義」が良いものだとは思いませんが、「学習指導要領主義」の立場で考えても、宿題の存在理由は謎のままです。

2　子どもたちの学力が向上する？

学習指導要領に書かれていなくても、研究に基づく根拠が十分でなくても、宿題は子どもたちの学力を向上させるのかもしれません。「宿題をすることで学力が伸びる」「宿題の目的は子どもたちの学力の保障にある」と考える人は少なくないでしょう。しかし、米国における宿題研究の権威とも言うべきハリス・クーパー氏は、たくさんの文献の検討をもとに、小学生が宿題に費やす時間と成績との相関はゼロに近いと述べています。[4]「宿題に時間をかけると学力がつく」とは安易に言えないようです。

もっとも、米国の過去の研究結果は、現在の日本の宿題には当てはまらないかもしれません。また、クーパー氏が示したのは、「小学生の宿題には効果がない」ということではありません。宿題が学力向上に効果をもつ可能性は否定されていません。

ただ、とにかく、宿題と学力との関係は、単純には語れなさそうなのです。日本においても、宿題の効果が研究によって十分に把握されてきたわけではありません。

宿題の効果を証明するのは、意外に難しいのです。たとえば、「きちんと宿題をしている子どものほうが学業成績がよい」といった調査結果が得られたからといって、それを理由に「宿題をすると学業成績がよくなる」と断定することはできません。

30年ほど前の論稿を例に考えてみましょう⑤。論稿では、小学生の宿題についての調査に関して、①の文に続けて、②の文が書かれています。

①4年生と6年生では、宿題をすることと学業成績の間に有意な関係があり、成績上位の者は下位の者と比べて宿題をきちんとやっている者の割合が多かった。

②このことから、家庭学習のなかで宿題をする習慣は学業成績の重要な規定因であるといえる。

お気づきかもしれませんが、②の文で「このことから……いえる」とされているものの、本当は①の調査結果から直接的に②の結論を導くことはできません。①の事実だけでは、「きちんと宿題をしていることが原因で、良い学業成績という結果が生まれている」という因果関係は証明されないのです。①の事実からは、「学業成績の良い子どもは、宿題が苦ではないので、きちんと宿題をする」という、どちらかと言えば逆の因果関係を想定することも可能です。また、①の事実については、「落ち着いた家庭環境にある子どもは、きちんと宿題をするし、学業成績も良い」といった解釈も考えられます（その解釈が当たっているかどうかは別問題です）。

米国のアルフィー・コーン氏が『宿題をめぐる神話』のなかで説明しているように、宿題と成績との間に相関関係が見出されたとしても、そこから「宿題をすると成績がよくなる」という因果関係を示せるわけではありません(6)。

日本での最近の研究をみると、小学校4～6年生を対象とする調査において、1日あたりの宿題を行う時間と算数の成績との間には、相関関係さえも認められていません。(7)また、小学校3～6年生に家庭学習のタイプを選んでもらうという実験的調査においては、教師が課す宿題をしないことが学力低下につながるとは限らないことが示されています。(8)Aタイプ「必要に応じて家庭学習を行い、提出する」、Bタイプ「必要に応じて家庭学習を行うものの、提出はしない」、Cタイプ「教師に出題された課題を行い、提出する」の間で、学力調査の得点には特に差がなかったとのことです。

もっとも、他方では、全国学力・学習状況調査の分析をもとに、「宿題をする児童生徒ほど高い学力を得ることができる」と結論づける研究報告も出されています。(9)しかし、仮に宿題によって子どもたちの学力が向上するのだとしても、そのことだけで宿題の必要性が言えるわけではありません。

たとえば、計算ドリルの宿題に取り組むことで、子どもたちが計算に熟達するのだとしましょう。その計算練習は、家でしなければならないのでしょうか。学校でしてはならないのでしょうか。家や学童保育でしたほうが、より大きな効果が出るのでしょうか。そうは思えません。

漢字ドリルや計算ドリルが子どもたちの学習に役立つとしても、宿題というかたちでドリル学習をしなければならないということにはなりません。学校でドリル学習をしてもよいのです。学力の向上にとっての宿題の役割が証明されても、宿題というものが存在することの意味は相変わらず曖昧です。

3　家庭学習の習慣がつく?

それでは、宿題の目的が「家庭学習の習慣の確立」にあるとする見方については、どう考えられるでしょうか。

実は、小学校の学習指導要領に関する文部科学省の「解説」を読むと、「学習習慣を

宿題の効果は証明しにくい

一口に「宿題」と言っても、内容はさまざまです。「音読の宿題は効果が薄いけれど、漢字の練習は有意義だ」といったことがあり得ます（「たとえば」の話です）。さまざまな宿題を一括りにして、「目的は？」「効果は？」「必要性は？」と議論することに、そもそも無理があるのかもしれません。

宿題をしている時間の長さで「どれだけ宿題をしているか」を測ろうとすることにも難点があります。たくさん勉強しているのか、なかなか進まなくて時間がかかってしまっているのかは、宿題の所要時間だけでは判別できません。

子どもの学年を考慮する必要もあります。「自主学習」の宿題が６年生にとって有効だと判明した場合でも、同じような宿題が1年生にとっても有効だとは断言できません。

さらに、子どもは一人ひとりが異なっています。全体として見たときには宿題の意義が確認されたとしても、すべての子どもにとって宿題が有意義であるとは限りません。

宿題の効果をきちんと示すのは、かなり難しいことだと思います。

確立すること」との関係で、宿題への言及がされています。学習指導要領の本体に「家庭との連携を図りながら、児童の学習習慣が確立するよう配慮すること」と書かれているのを受けたものです。「学習指導要領主義」の立場で考えると、「宿題の目的は、家庭での学習習慣を確立すること」というのが正解なのかもしれません。

小学校学習指導要領（平成29年告示）解説 総則編（一部抜粋：傍線は筆者）

小学校教育の早い段階で学習習慣を確立することは、その後の生涯にわたる学習に影響する極めて重要な課題であることから、家庭との連携を図りながら、宿題や予習・復習など家庭での学習課題を適切に課したり、発達の段階に応じた学習計画の立て方や学び方を促したりするなど家庭学習も視野に入れた指導を行う必要がある。

しかし、「宿題をすることで家庭学習の習慣がつく」という理屈が、私にはどうしても理解できません。その理屈が現実に照らして当たっているかどうかを問う以前に、理屈そのものが意味不明に思えてならないのです。

たしかに、毎日のように学校で宿題が出されれば、多くの子どもは毎日のように家かどこかで学習をするようになります（学校の教室、学童保育、放課後等デイサービス事業所、入所施設で宿題をする子どもも少なくないと思います）。けれども、そのことは、「家庭学習の習慣」を意味するでしょうか。

誰かに設定された課題をこなすことを「習慣」とは呼ばないはずです。たとえば、私は大学の出勤簿にハンコを押しますが、そういう「習慣」が自分にあるとは思えません。大学入試共通テストの試験監督をする「習慣」も、消費税を支払う「習慣」も、私にはありません。

子どもたちが日常的に家かどこかで宿題をするようになったからといって、「家庭学習の習慣がついた」とは言えないと思います。

もっとも、「毎日のように宿題をしていると、家庭学習が習慣化して、宿題が出されなくても家庭学習をするようになる」という理屈を考えることもできます。これなら、仮説としては理解できなくもありません。

けれども、「本当に？」という強い疑いをもちます。私には信じがたい仮説です。いつも宿題をしていると、宿題がない日でも家庭学習をするようになるのでしょうか。宿題がなければ、そのぶん子どもたちは好きなことをして過ごす気がします。「宿題が出なかったから、自分で漢字の復習をしておこう」という子どもは、少なくとも多数派ではないでしょう。「宿題をすることで家庭学習の習慣がつく」という理屈は、やはり理解できないのです。

ついでに言えば、家庭学習の習慣の必要性にも、議論の余地があります。子どもたちは学校で学習しているはずなのに、どうして家庭学習の習慣が求められるのでしょう。日本の社会が厳しく、政治が悪く、社会保障が貧弱なので、たっぷり家庭学習をして、「良い学校」に進み、「良い仕事」につかないと、将来が暗いからでしょうか。そんな身も蓋もない説明を、子どもたちにするのでしょうか。

別の角度からも考えてみましょう。企業が従業員に対して「持ち帰り仕事の習慣をつけよう」などという方針を打ち出したら、「何を言ってるんだ⁉」ということになるはずです。とんでもない会社です。ところが、学校は、「家庭学習の習慣をつけよう」というメッセージを子どもたちに対して発することがあります。本当に、それでよいので

宿題の起源

教育史研究者の佐藤秀夫氏によると、日本における宿題の起源は20世紀の初め頃にあります[10]。小学校の必須科目が急激に増え、科目の内容を授業時間のなかで教えきれなくなったため、漢字や計算の練習が宿題になっていきました。

学校の宿題は、教育的意義の熟慮に基づいて生まれたのではなく、なりゆきで生まれたようです。宿題は、学校でやりきれない課題を家でするという、子ども版の「持ち帰り仕事」なのかもしれません。「宿題によって家庭学習の習慣の確立を図る」といった理屈は、いつ生まれたのか知りませんが、後付けのものである可能性が高そうです。

教員の「働き方改革」が言われ、教員の「持ち帰り仕事」が問題視されるようになっています。子どもたちの「持ち帰り仕事」についても、真剣に考え直してみるべきです。

しょうか。企業の従業員と学校の子どもとが異なるのはもちろんですが、家庭学習の習慣を育もうとすること自体の妥当性を問い直すべきではないでしょうか。

4 宿題の問題点

宿題の目的や宿題の効果が曖昧な一方で、宿題がもつ問題点はいろいろと示されてきました。ここでは、米国の宿題論議のなかで挙げられてきた点をいくつか振り返っておきたいと思います[11]。

◆学習意欲の低下

学校の宿題は、多くの場合、おもしろいものではありません。子どもたちがワクワクするような宿題は珍しいのではないでしょうか。

宿題は、たいていの子どもにとって、「したいもの」ではなく、「しなければならないもの」なのです。そういう宿題に毎日のように向き合う子どもたちは、「勉強は嫌なもの」「勉強は大人に言われて仕方なくするもの」という意識を強めかねません。

◆健康への悪影響

宿題があることで、子どもたちが机に向かう時間が長くなります。子どもたちの目の疲れが心配されてきました。運動不足や、それにともなう肥満も心配されてきました。宿題に時間を取られることで、睡眠不足になるかもしれません。十分に遊べないことによるストレスは、宿題をすることのストレスと合わさって、子どもたちの精神的な健康を損なう可能性があります。

◆親の負担

学校の宿題は、最初から最後まで子どもが自分一人でするとは限らないものです。多かれ少なかれ、場合によっては最初から最後まで、親（保護者）が宿題に関わることになりがちです。子どもが小さいときは、特にそうでしょう。宿題をするように子どもを促したり、宿題の仕上がりを確認したりします。宿題そのものを手伝うこともあります。

長時間の仕事を終えて帰宅した親は、休む間もなく、子どもの宿題を終わらせるという仕事と格闘しなければなりません。学校教育が家庭に依存しているために、親の負担がふくらみます。

◆家族関係の歪み

宿題が家庭に持ち込まれることで、教師の下請けのような役割が親に降ってきます。親が監督者になるため、宿題をめぐって家庭で口論が起こり、それが親と子の両方をしんどくさせます。宿題のせいで母親と父親が衝突することもあります。親は、ガミガミ言ったり、「宿題をしなければ、○○させません」と脅したり、「宿題をしたら、○○できるからね」と釣ったりして、どうにか子どもに宿題をさせようとします。

宿題があることによって、家族の関係がいびつなものになります。

◆家庭生活への介入

宿題は、学校と家庭の境界を越えてきます。子どもが家庭で何をするべきか、学校の教師が指示を出します。国家権力の末端という性格をもつ学校・教師が、私的なものとされる家庭生活に力を及ぼしているのです。

学校の外での子どもの生活を指図する権限が学校にあると、どうして言えるのでしょうか。子どもの宿題への協力を教師が親に「お願い」することは、親の自由を侵すことにならないでしょうか。

子どもに宿題を課すことは、学校の越権行為に当たる可能性があります。


――これで全部というわけではありませんが、宿題の問題点をみてきました。

宿題に良い面があり得ることは否定しません。宿題を通して、漢字や計算の力が身に付くこともあるでしょう。また、漢字の練習が好きな子もいれば、九九の練習に意欲的に取り組む子もいますし、国語の教科書の音読を楽しむ親子がいないわけではありません。宿題の達成が子どもの自信につながることもあるかもしれません。

ただ、たいていのことには、何かしら良い面があるものです。良い面があるからといって、ものごと全体が良いものだとは言えません。悪い面がないとも言えません。宿題についても、同じことです。

宿題と罰

米国では、子どもに対する罰と宿題との結びつきも問題にされてきました。

宿題を罰に用いることが、米国の学校でもされてきたようです。「ごほうび」としての「宿題なし」と合わせて、罰としての宿題が批判されています。良いことをすると宿題がなくなり、悪いことをすると宿題が出るというのでは、「宿題は苦役」「勉強は嫌なもの」という見方を教師が表明しているようなものです。宿題を罰に使うことの害が指摘されてきました。

宿題ができていないことを理由に罰を与えることにも、問題があります。宿題をすることに困難を抱える子どもにとって、罰が何かの解決や改善をもたらすわけではありません。罰は極めて理不尽です。また、宿題をしていないことで好きな活動への参加を制限されたりすると、子どもは楽しみを失いかねませんし、子どもたちの仲間関係に悪影響が及ぶ可能性もあります。

できていない宿題を休み時間にさせることも、罰のようなものになります。休み時間が学校での大きな楽しみという子どもはよくいます。勉強が苦手な子どもたちのなかには、そういう子どもが多いかもしれません。休み時間を奪われると、子どもたちの学校生活が過酷なものになってしまいます。

日本の状況に目を向けると、宿題と体罰との関連も見過ごせません。過去の新聞記事（朝日新聞）を調べてみたところ、宿題に関係して学校で体罰（暴力）が起きた事例がたくさん見つかりました[12]。たとえば、１９７６年12月23日には、宿題をしてこなかった小学校５年生の足を教師が麻縄でくくり、順番に14人を校舎の２階から逆さづりにしたという、衝撃的な事件が報じられています。１９９６年２月21日には、家庭科の宿題をしていなかったことで教師が子どもを殴ったことが記事になっています。２０１３年８月17日にも、小学校６年生の担任教師が宿題を理由に子どもの頬や頭を平手でたたいたことが紙面に記されています。宿題絡みの体罰は、近年に至るまで学校で起こり続けています。

教師は宿題に直接の手出しをしにくいため、罰を与えるというかたちの「指導」が生まれやすいのかもしれません[13]。宿題をしてこないことが「さぼり」「怠け」「努力不足」とみなされるために、教師が苛立ちや憤りを感じやすいという可能性もあります。どうして宿題絡みの体罰が起こるのか、みんなで考えてみたいものです。

第3章

長時間労働の子どもたち

子どもたちの自由時間が削られてしまうことも、宿題の問題点です。友だちと遊んだり、ゆっくり過ごしたり、好きなスポーツをしたり、興味のある本を読んだりするのも、豊かな子ども時代にとっては大切なことです。仮に宿題が学力向上につながるのだとしても、どんどん宿題を出せばよい、とにかく勉強時間を増やせばよい、ということにはなりません。

宿題は、子どもたちの生活全体との関係で考える必要があります。

1　子どもたちの時間が宿題に奪われる

宿題の時間が増えてきた

ベネッセ教育総合研究所が公表している調査結果をみると、[1] 2019年から2022年にかけて、小学生が宿題に費やす時間はいくらか減っているようです（図1）。また、小学校教員を対象とする別の調査の結果をみても、[2] ２０２０年には36・1分だった「１日あたりの宿題の時間」が、２０２１年には35・0分になっています（図２）。小学生の宿題の時間は、減少傾向にあるようにも見えます。

しかし、視野を広げて、より長い期間での推移に目を向けてみましょう。[3] 小学校教員が回答する「１日あたりの宿題の時間」の平均は、１９９８年の27・2分から、２０１６年の39・1分へと増加しています（図３）。２０２１年の35・0分という数値は、２０１６年や２０２０年と比べて少ないものの、２００２年や２００７年を上回っており、１９９８年の約１・３倍です。小学生の宿題の時間は、長期的にみると、増加してきたと言えそうです。

また、ベネッセ教育総合研究所の調査では、宿題を「毎日出す」という小学校教員が増えてきていることも示されています。「毎日出す」という教員は、１９９８年には84・8%でしたが、２０１０年には95・3%になり、２０２１年には97・6%に及んでいます。この25年くらいの間に、小学生の宿題は、１日に出される量だけでなく、出される頻度も増えてきたようです。

Q あなたはふだん(学校がある日)、次のことを、1日にどれくらいの時間やっていますか。

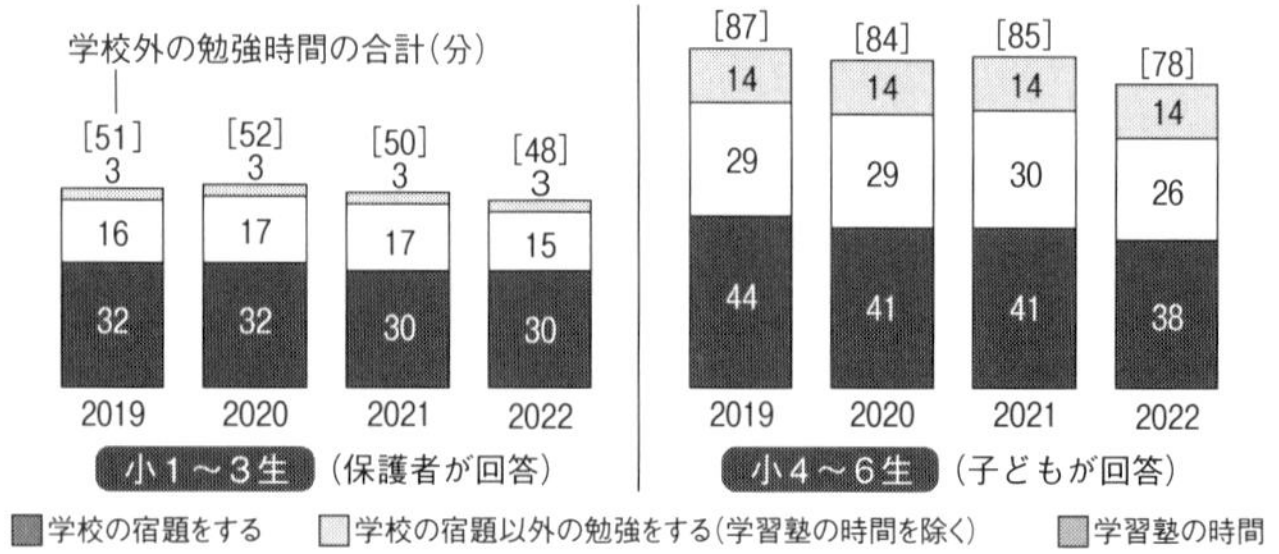

※平均時間は、「しない」を「0分」、「4時間」を「240分」、「4時間以上」を「300分」などと置き換えて、「無回答・不明」を除外した上で算出。
※「学習塾の時間」の平均時間は、「通っていない」と回答した子どもを0分、「通っている」と回答した子どものうち「1回にどれくらいの時間、勉強していますか」という質問に対して、「30分」を30分、「1時間」を60分、「4時間」を240分、「4時間以上」を270分のように置き換え、週あたりの通塾回数をかけあわせて7で割って算出した。

図1　学校外の勉強時間　ベネッセ教育総合研究所　2023年[注(1)]

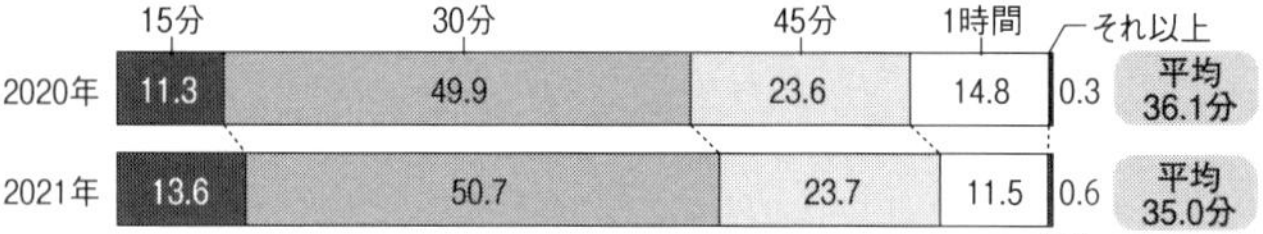

※「宿題はほとんど出さない」と回答した人を除いて分析。
ただし、平均宿題時間は「宿題はほとんど出さない」と回答した人を含めて分析。

図2　1日あたりの宿題の時間 (小学校教員が回答)
ベネッセ教育総合研究所　2022年[注(2)]

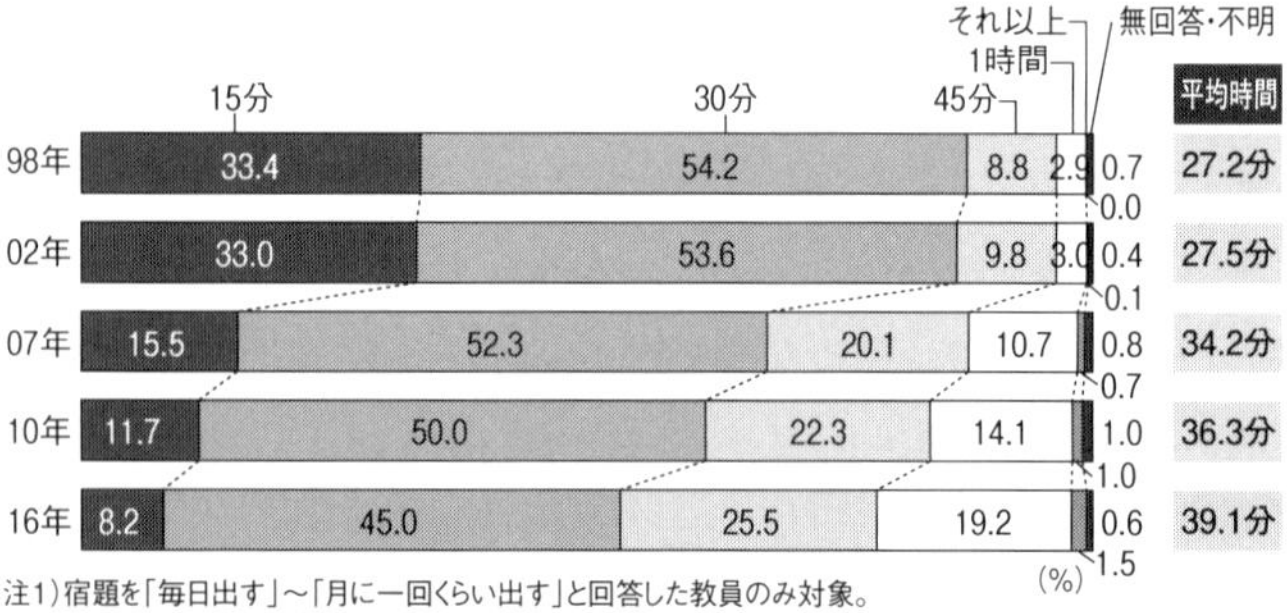

注1)宿題を「毎日出す」～「月に一回くらい出す」と回答した教員のみ対象。
注2)平均時間は、「15分」を15分、「1時間」を60分、「それ以上」を75分のように置き換えて無回答・不明を除外して算出している。

図3　1日あたりの宿題の時間 (小学校教員が回答)
ベネッセ教育総合研究所　2016年[注(3)]

右で触れた「1日あたりの宿題の時間」については、それが「平均」であるという点をきちんと理解しておくことも必要です。教員からの実際の回答には、かなりの幅があります。担任している学年にも左右されているのだと思いますが、2021年の調査では、13・6％の教員が「15分」と答えている一方で、23・7％の教員は「45分」と回答しており、「1時間」という回答も11・5％に及んでいます（図2）。「平均」の2倍近い時間を要する宿題が課されていることも少なくないのです。

さらに、「1日あたりの宿題の時間」については、「平均的な児童にとって」の所要時間が調査で問われている点にも注意しなければなりません。実際には、教員の回答よりも短い時間で宿題を終えている子どももいるでしょうし、はるかに長い時間をかけて宿題をやり遂げている子どももいるはずです（やり遂げられていない子どももいるでしょう）。

調査で示される「平均」よりも大幅に長い時間を宿題に費やしている子どもが少なくないことを、私たちは意識しておくべきです。

「自主学習」は考えもの

ベネッセ教育総合研究所の調査によると、「調べ学習」や「作文やレポート」の宿題が小学校で増加傾向にあるようです(4)。調査報告書では、「新学習指導要領を意識した指導が宿題の質に影響している様子がうかがえる」と述べられています。

一方で、小学生の保護者に話を聞いていると、「ジシュベン（自主勉強）」「ジシュガク（自主学習）」に困らされているという人が多くいます。目立つのは、「何をしたらよいのか、わからない」という声です。取り組む内容の具体例が示される場合もあるようですが、「自主学習だから、何をするかは自由です」ということも多いようです。それでいて、「自主学習」のはずなのに、「ノート1ページ」などと最低限の分量が決められていたりします。

学校によっては1年生から「自主学習」が宿題になっています。小学生が自分で課題を考えるのは容易ではないので、親が頭をひねることになりがちです。「好きな動物の絵でも描いておいたら」という（多少いい加減な）助言に、「そうしよう」となる子もいれば、「そんなのはだめだ！」と怒る子もいます。親も楽ではありません。

そもそも、「自主学習が宿題」というのは、言葉の意味からしても不可思議な響きがあります。「自主学習」という宿題が本当に必要なのか、本当に適切なのか、考え直してみてもよいのではないでしょうか。

遊ぶ時間が限られる

宿題の時間が多くなると、そのぶんだけ、ほかのことをする時間が少なくなります。子どもたちの生活にとって重大なのは、好きなことをする時間、遊ぶ時間が減ることでしょう。

子どもたちは、長い時間を学校で過ごしています。放課後に「居残り勉強」がある場合もあります。そして、学習塾に通っている子どももいますし、通信教育の課題を抱えている子どももいます。たくさん学校の宿題があると、子どもたちが遊んだり休んだりする時間はとても短くなってしまいます。

そうした問題は、学童保育で目に見えて表れます。子どもたちが宿題をして、おやつを食べると、たちまち帰る時間になってしまいます。「遊びを中心とする生活の場」であるはずの学童保育で、遊ぶ時間が十分に取れないのです。これでは、学童保育が「宿題の場」になりかねません。

『日本の学童ほいく』2020年6月号では、「宿題だけで一日が終わってしまう」というサトルくんの様子が紹介されています。[5] 学年が上がるなかで、学校の宿題が難しくなり、なかなか宿題が進まなかったようです。ほかの子どもたちが視界に入る学童保育の環境では、宿題に集中することもままなりません。学童保育の指導員が保護者や担任教師と相談するなかで、出される宿題が少なくなり、やっと宿題以外のことに取り組める日が増えてきたとのことです。

また、別のある子は、「きちんと宿題をして帰らないなら、学童をやめさせるよ！」と保護者に言われていました。その子は、学童保育で遊んだりするのが好きで、学童保育をやめたくないので、宿題をがんばります。ところが、学童保育で宿題をしていると、なかなか学童保育で遊べません。学童保育で遊びたいから宿題をするけれど、宿題をすると学童保育で遊べない——とても理不尽なことになっているようでした。

学童保育と宿題

学童保育での宿題の扱い方は多様です。宿題の時間を設定するのか、みんなが必ず宿題をするのか、全国で一律の決まりがあるわけではありません。「低学年の子どもは基本的に学童保育で宿題をするけれども、高学年の子どもは本人の判断による」といった方式もあります。

音読の確認をしている学童保育もあれば、音読は家でしてもらうようにしている学童保育もあります。宿題の間違い直しまで指導員が面倒をみている学童保育もあれば、もっと緩やかに宿題と付き合っている学童保育もあります。どうするのが「正解」なのかはさておき、学校の宿題があることで、学童保育の側は対応を考えなければなりません。

宿題への指導員の関わり方も悩ましいものです。宿題ができなくて困っている子が目の前にいたら、助けてあげたくなるのが心情でしょう。一方で、「宿題を完璧に仕上げてしまっては、保護者や教師が子どもの実態を誤解するのでは?」とか、「学童保育の指導員は、宿題の世話までする(べき)ものなの?」といった疑問が浮かぶこともあるようです。また、不十分な児童福祉政策のもとで指導員体制が厳しいなかでは、「一人ひとりの宿題にまで、とても手が回らない」という現実もあるでしょう。

そして、やっかいなことに、学童保育の環境は（多くの場合に）宿題向きではありません。学童保育は、本来、遊びを中心とする生活の場です。子どもたちが静粛に過ごすところではありません。「宿題をする部屋」と「遊ぶ部屋」を分けることも難しいなかでは、ある子が宿題をしている横で、けん玉の音がカチコチ鳴っていたりします。

学童保育で宿題をすると、友だちどうしで教え合ったり、指導員や上級生に教えてもらったりできるかもしれません。けれども、ほとんどの学童保育施設は、理想的な学習環境からは程遠いものでしょう。雑然とした部屋で、それでも何とか宿題に取り組んでいる子どもたちを見ていると、ちょっと感心してしまいますが、複雑な気持ちになります。

学校が宿題を出し続けるのであれば、せめて宿題をしやすい環境が子どもたちに保障されるべきではないでしょうか。

2　子どもたちの「仕事」が多すぎる

●●●

働きすぎの子どもたち?

ＮＨＫ放送文化研究所が２０２０年に実施した国民生活時間調査によると、小学生の「学校外の学習」は、平日1日あたり1時間16分です（表1）。6時間59分の「授業・学内の活動」と合わせると、「学業」の時間が8時間15分に及びます。しかも、「学業」のなかに「習いごと」は含まれていません。

「学業」に「通学」等を加えた「拘束行動」は、平日において9時間03分です。睡眠や食事といった「必需行動」の時間が11時間00分なので、小学生の「自由行動」の時間はあまり多くありません。

英語では、学校の授業等が「schoolwork」と呼ばれることがあります。家でする宿

表1　平日の生活時間（2020年）

	拘束行動	学業	授業・学内の活動	学校外の学習	通学
小学生	9時間03分	8時間15分	6時間59分	1時間16分	0時間36分
中学生	10時間41分	9時間52分	7時間51分	2時間03分	0時間25分
高校生	11時間01分	9時間33分	7時間24分	2時間09分	0時間44分

NHK放送文化研究所による「国民生活時間調査」の結果をもとに作成

題は「homework」です。学校での「schoolwork」と家庭等での「homework」を合わせると、日本の小学生は1日に8時間を超える「work（仕事）」をしていることになります。しかも、「8時間15分」というのは、小学生全体の平均です。一週間の「仕事」が40時間を大きく上回るという子どもも少なくないと考えられます。

子どものための「労働基準法」が必要かもしれない ●●●

教育学者の山下雅彦氏は、現行の学習指導要領のもとで子どもたちの休息や遊びの時間が奪われていくことを懸念して、「労働基準法のような『学習制限法』が必要ではないかとさえ思えます」と述べています[6]。

大人の仕事に関しては、労働基準法があるのです。それが十分に守られておらず、長時間労働がはびこっているという問題はあるものの、私たちの社会には労働時間についての規制がまがりなりにも存在しています。

それに対して、子どもの「仕事」については特に規制がありません。「宿題を1日に○分以上させてはいけない」とか、「小学生を○時以降に学習塾にいさせてはいけない」とか、「夜遅くにオンラインで勉強させてはいけない」とか、そういうルールが確立されていません。「学校の昼休みに宿題をするように強要してはいけない」といった規則もありません。

しかし、子どもたちの「仕事」がふくらむのを野放しにしてよいのでしょうか。子どもたちの「仕事」の時間は、労働基準法に定められた労働時間の上限を超えるほどになっています。どうにかして「仕事」に歯止めをかけるべきではないでしょうか。

子どもの権利条約の第31条では、「休息・余暇、遊び、文化的・芸術的生活への参加」の権利が確認されています。子どもたちの生活が「仕事」に圧迫されて、十分な自由時間が子どもたちに保障されないとすれば、それは基本的権利の侵害です。

もちろん、子どもたちの学習時間を法律で制限するというのは、そのこと自体の良し

宿題を早く終わらせる方法

子どもたちの「長時間労働」を少しでも軽減し、子どもたちの自由時間を守るために、宿題の時間を短くする手立てを考えてみましょう。

手っ取り早い方法の一つは、音読をしないことです。

漢字練習や計算練習は、ノートなりプリントなりに形跡を残す必要があります。ところが、音読の場合は違います。「ＩＣＴ端末を使って録音データを提出しなさい」と言われると困るのですが、「音読カード」を用いる方式であれば、「やりました」のサインをするだけで宿題が完了します。

学童保育で子どもたちの話を聞いてみると、音読をしていない子はどうも少なくないようです。「オレはしてるけど、やってない人もいる」「大人っぽい字でサインを書いてる」「嘘ついてる子もいる」といったことを耳にします。

音読を勝手に省略するのは、必ずしも善いことではないかもしれません。しかし、宿題で子どもと家族を追いつめることに比べると、それほど悪くないように思います。

悪しを度外視したとしても、なかなかの難題です。関係者の合意を得ることも簡単ではないでしょうが、具体的な規制方法にも工夫が求められます。学習塾や通信教育会社などは抜け穴をすぐに見つけそうですし、子どもたちが自分から本を読んだり図鑑を調べたりするのを止めるわけにもいかないでしょう。

ただ、子どもたちの「長時間労働」の問題性や、子どもたちの自由時間の重要性について、まずは共通理解を社会的に形成する必要があります。「勉強の時間は多いほどよい」「家庭学習の時間は長いほどよい」とは言えないはずです。

3　家庭学習の時間は長いほうがよい？

重視される家庭学習

子どもたちにとっては遊びの時間や休息の時間も大切なはずなのですが、教育をめぐる議論のなかでは家庭学習の時間への注目が多くなりがちです。

たとえば、日本の子どもたちの「『学び』からの逃走」を２０００年頃に論じた佐藤学氏は、「危機の実態」を説明する指標として、子どもたちの家庭学習の時間を挙げました。[7]「日本の子どもは『学び』から逃走し、校外の学習時間は世界で最低レベルに落ち込んでいる」と指摘したのです。「日本の子どもの校外の学習時間は韓国の子どもの3分の1程度、アメリカの子どもの2分の1程度」といったことが示されました。

佐藤氏は、子どもたちの「危機」に関して、家庭学習の時間を増やすことを提言したわけではありません。問題にされているのは、子どもたちが学ぶ意味を見出しにくい状況、学習への意欲をもちにくい状況なのだと思います。しかし、家庭学習の時間の少なさが否定的に語られると、「家庭学習の時間を増やさなければいけない」という意識を背景に感じてしまいます。

家庭学習の時間の重視は、学力格差をめぐる議論のなかにもみられます。

志水宏吉氏らは、小中学生の学力をめぐる調査の結果を検討するなかで、家庭学習の時間の経年変化に着目しています。[8] そして、「出された宿題はきちんとやる」といった学習習慣が学力と強く関係することに触れながら、家庭学習の時間が２０００年代以降に「復調傾向にあること」を示し、家庭での学習時間や読書時間の増加が学力格差の縮小に結びつくことを論じています。

さらに、志水氏らは、「家庭背景のきびしい子どもたち」の基礎学力を保障している小学校に目を向け、その学校では30分以上の家庭学習をする子どもの割合が高いことに言及しています。また、「学校の宿題をする」「宿題はきちんとする」という生徒の多い中学校で「高い効果」が生まれていることも述べています。どこか皮肉な気もしますが、家庭での学習が活発であることが、「効果のある学校」「がんばっている学校」の特徴になっているようです。

耳塚寛明氏らも、全国学力・学習状況調査の分析を行い、「最も普遍的に学力に対してポジティブな効果のある学習方法は、『学校の宿題』であった」として、[9]「学力格差縮小には、宿題ないし家庭学習の取り組みの重要性が示唆される」と述べています。[10] 学力格差の克服に高い成果を上げている小学校では、「低学年から家庭学習の習慣をつけ、その大切さを家庭にも伝えることは、どの学校でも欠かせない重点事項とされていた」とのことです[11]。

家庭学習を推奨するべきなのか

そもそも「学力」とは何か、どういう「学力」が求められるのか、学力テストの成績を「学力」と同一視できるのか、といった問題には、ここでは立ち入りません。

普通に考えると、子どもたちの学力の保障は大切なことです。学力格差が拡大していく社会が望ましいものだとも思えません。

ただ、学力が重視されるなかで、家庭学習の時間の増加が無批判に歓迎されていくのだとすれば、そのことには疑問を抱きます。

宿題に苦しんでいる子ども、宿題に悩まされている保護者は、家庭学習を推奨する議論の視野に入っているのでしょうか。宿題によって子どもたちの学力が支えられているのだとしても、宿題に縛られることで子どもたちが失っている経験はないのでしょうか。家庭学習に励む子どもたちは、幸せな子ども時代を送っているのでしょうか。

現代の日本では、学校のテストで良い成績を取れるようにならないと、生きていくうえでの苦労が多くなるように感じさせられることがあります。きちんと宿題をして、たくさんの時間を家庭学習に割いて、学力テストに強くなったほうが、（安心というわけではないものの）何となく無難な気がする――それが現在の社会なのかもしれません。けれども、私たちの仕事は、そういう社会に子どもを適応させることなのでしょうか。そういう社会を変えていくことは、考えなくてよいのでしょうか。

今の社会に迫られるままに家庭学習の時間を増やしていくことは、本来めざすべき方向ではありません。子どもたちが1日に8時間を超える「学業」を強いられない社会、遊び・休息・文化的活動への権利が子どもたちに保障される社会を、これから実現していきたいものです。

「10分ルール」を考える

宿題についての「10分ルール」を聞いたことがある人は少なくないでしょう。「1年生は1日に10分」「2年生は1日に20分」というように、子どもが宿題をする時間を「学年×10分」にするとよい、というのが「10分ルール」です。米国の宿題研究の大御所であるハリス・クーパー氏も、「10分ルール」を推奨しています。

日本では、「学年×15分」「学年×20分」などと、いつの間にか時間が増やされた「○分ルール」が語られることもあります。また、「学年×10分＋20分」といった変化形も生まれているようです。

どうして「学年×10分」が宿題なり家庭学習なりの適切な時間なのか、その根拠が私にはわかりません。米国のアルフィー・コーン氏も、『宿題をめぐる神話』のなかで、「この憶えやすい定式の根拠となる研究は存在しないと思われる」と述べています。[12]

自分の素朴な感覚からしても、「10分ルール」には違和感があります。「1年生は1日に

10分」については、「そのくらいなら、してもよいのかな」と思わなくもないですが、「6年生は1日に60分」となると、「多いなあ」と感じてしまいます。16時くらいに学校が終わって、1時間も宿題をしていると、冬なら外は暗くなっています。外遊びの時間など、まるでありません。「10分ルール」の単純な適用には問題がありそうです。

ただ、「10分ルール」の発想には、良い面もあると思います。「10分ルール」の考え方を正面から受けとめると、現在の宿題のあり方を見直すことになるからです。

子どもの学年にふさわしい家庭学習の時間があると本気で考えるなら、その時間の範囲で終わるような宿題を教師が設定しなければなりません。多すぎる宿題は、「10分ルール」に反します。

また、「10分ルール」に基づくと、クラスの子ども全員に同じ分量の宿題を課すことは理屈に合いません。教師が「30分の宿題」を出そうと思っても、子ども全員が一様に30分で終えるような宿題など、実際には考えにくいからです。「30分の宿題」を20分ですませる子もいれば、「30分の宿題」に40分かかる子もいるでしょう。

本当に「10分ルール」を実現しようと思えば、宿題を時間で区切ることになるはずです。「計算ドリル1ページ、漢字ドリル1ページ」といった宿題ではなく、「20分でできるところまで」といった宿題にすることが求められます。

さらに言えば、「10分ルール」の達成を確かめるためには、子どもたちが宿題に費やしている時間を教師が把握する必要が生じます。宿題の実態の把握は、宿題を問い直す出発点になります。

宿題についての「10分ルール」が良いものだとは思いませんが、「10分ルール」をもとに宿題を再考することは可能です。

第4章

子どもの多様性を考える

学校では、クラスの子ども全員に同じ宿題が出されることが多いと思います。国語の授業で扱う文章を音読してくる、算数の授業で習った計算を練習してくる、といったことが宿題になっているわけですから、当然のことかもしれません。

けれども、子どもは一人ひとり異なります。ある子にとっては易しい宿題が、別の子にとっては難しいものだったりします。Aさんが30分かかる宿題を、Bさんは10分で終わらせてしまったりします。

学校で「出される宿題」が同じでも、子どもたちが「経験する宿題」は同じではありません。いわゆる「勉強が苦手な子ども」や、読み書きに特別な困難を抱える子どもなどは、学校の宿題を通して大きな苦難を経験することになりがちです。

1　宿題に苦労する子どもたち

子どもたちの苦難

読み書きに困難のある子どもたちの保護者が、宿題に苦しむ子どもの姿を記しています。[1]

夏休みのとき、子どもが「宿題をがんばってやろうとしていたのに、できない・書けない」自分と「やりたい」自分とがぶつかって、気がおかしくなったかと思うほどの悲鳴をあげたことがありました。

私が、「今日は、宿題を休みにしたら?」と言ってあげたのですが、本人のやりたい気持ちの方が大きくて、泣きながら悲鳴をあげたりしていました。「じゃあ、少しだけやれば?」と言ってあげても、納得がいかないのか、また泣いたり……。どうしたらいいのかわからないので、放っておいたら、いつもと同じふうには戻っていましたが……。(Sさん)

あの頃、宿題をしているとよく、「あ、頭がおかしくなってきた。頭が痛い」と言って、頭をかかえるようにしながら、イライラして、宿題がなかなか進みませんでした。(中略)

漢字の宿題でいくつも書かなくてもいいと言っても、学校で先生に出すとき、みんなからずるいとか言われるし、恥ずかしいと言いながら、半分泣きながらノートの上から下まで漢字を書いていました。(Mさん)

読み書き障害がなければ宿題に苦労しないということではありません。しかし、読み書き障害があることで、宿題がとてもつらいものになりやすいのです。

発達障害のある小学生の保護者からは、表1のように、宿題をめぐる子どもの困難がさまざまに語られます(2)。語られていることは、発達障害のある子どもたちに特有のこととは限りません。発達障害の診断を受けていない子どもたちのなかにも、同じような困難を抱える子どもは少なくないでしょう。

表1　宿題をめぐる子どもの困難（保護者の語り）

①文字の読み書きが難しい

・字が読みにくいんだろうと思うんですけど、音読で初めて読むところはよく泣いてましたね。たぶん字を拾えないんやと思うんです。

・音読は大嫌いです。読むのが苦手なんですね。言ってもしないことが多いので、寝る前に私が読んで、それを聞いて覚えてって言ってます。

・文字を書くのが難しい。宿題としては、本人にとっては難しい。国語の本読みがセットであって、本読みはスラスラできるけど、書くとなると平仮名にせよ漢字にせよ、本人にとっては難しいというか、大変な宿題。

・手先が不器用なので、字を書くこと自体が大変なのだと思うんです。

・わざとではなく、書けないんだと思う。覚えられないんだと思うんです。書き順もぐちゃぐちゃです。

・1年生のときに、「お手本を赤でなぞってから、それをノートに写してきなさい」という宿題の、赤でなぞる意味がわからなかったんです。手と目の関係で線の真上をなぞれないんですね。

②宿題に時間がかかる

・宿題をするのに1時間くらいかかります。することが遅い。がんばってしてるけど時間がかかるんです。本人は焦ってるし、字も汚いけれど、遅い。

・3時過ぎに帰ってきて、5時半になってやっと宿題が終わったっていうことが、ずっとありましたね。

・朝宿題をするときも、1時間くらいかかるので、5時半に自分で起きます。

・早いと1時間くらいで終わります。気が散ってできへんときは1時間半か2時間くらいかかってますね。

・時間がかかるときは、宿題そのものに時間がかかるんじゃなくて、集中できなくて1時間半くらいかかるときもあります。

・算数が嫌みたいで、算数はものすごく時間がかかってますね。算数は最後の最後まで残ってます。

③宿題にとりかかるのが難しい

・帰ってすぐやれ言うけれどしないですね。宿題はせなあかんと思ってるみたいで、朝ぎりぎりでいつもやってますね。朝は言わんでも勝手に宿題を開いてますね。めちゃくちゃでもやってますね。

・ご飯を食べたらすぐに宿題をするということにはなってるんですけど、眠かったり学校の調子なんかで、したくないというか、してできないことはないけれど、向かう気持ちに切り替わらないですね。

・学校からへとへとで帰ってくるので、帰ってきてからすぐに宿題ができないんです。それなのに学校の先生は「学校から帰ったらすぐに宿題をしなさい」と言うのは、本当にどうかと思う。

・宿題をする時間っていうのは本人のなかではわかってるけど、日によっては全くしなくて、何度も言ってやっとするときもありますね。結局お風呂までにできないときがあると、そのまませずに「しょうがないやろ」と言って忘れていくときもあります。

④宿題をするための用意を忘れて帰宅する

・先生が黒板に宿題を書いて、それを書き写すみたいなんですけど、書き写せていない。書き写せていないことに気がつかずに、夜に宿題をしようかと思うと、「宿題どこするかわからない」となるんです。

・最近は、宿題を持って帰ってくるのを忘れて（宿題を）やらずの日もあります。

・計算ドリルとかノートを、学校に着くと机の左のところにみんな入れるみたいなんですけど、それをどういうわけなのか、中途半端に机の中に残してくるので、かばんの中にあるものとないものとがあったりするんですね。それをどういうふうにして忘れないようにするかっていうのが難しいですね。

⑤その他

・がんばって宿題をしていっても直されて返ってくるので、ショックっていうことはありますね。（中略）直すために私に消しゴムで消されるのが嫌なので、本人の調子をみて、今日はできそうかなっていう日にまとめて直します。

・日記は何を書けばいいのかわからない。何を書くのか考えるだけで一日かかることもあります。

竹田・丸山（2013）をもとに作成

保護者も大変

宿題のことで苦労するのは、子どもたちだけではありません。子どもの宿題に付き合う保護者も、表2からうかがえるように、あれこれの苦労をしています。

宿題の援助を負担に感じていない保護者もいるものの、子どもが宿題に困難を抱えている場合には、保護者の負担も大きなものになることがあります。

表2　宿題をめぐる保護者の負担（保護者の語り）

・宿題をやりながら椅子の上で丸まっていたりとか、注意散漫なので違うことにすぐ気が向いてしまったりして、私が助言するというか、「しゃんとしなさい」「宿題つぎここやるのよ」と指示してあげる。

・私が宿題をみると、怒鳴り合いの喧嘩になって私も子どももしんどいけど、父が宿題をみて、本人が委縮してできないよりいいかなと思って、私がみてます。

・宿題を学校に持っていく前に「直し」がないかみるんで、もう朝は大変です。私がもっと早く起きればいいんだろうけど、7時から音読を聞きながら朝ご飯を作り、朝ご飯を食べている間に宿題のチェックをし、間違いがあるのでそれを急いで直させ、入れ忘れないようにかばんに入れ、送り出します。

・父親にも私にも負担になってますね。なかには「今、学校で何をしているか知らない」と言う人もいるのでね。うらやましいですよね。

・父親は平日が仕事が休みなので、週に2回くらいは宿題をみてくれるけど、もうひとつ…。「わからへん」と子どもがなったことを私はずっとみているので、「それはいくら教えても今は無理やで」ということを、父親は「なんでわからへんねん」ってなりながら、お互いに「わからへん、わからへん」「どう教えたらいいのか、わからへん」「何を言われてるのか、わからへん」となっていることがあるので、「もうええよ」ってなることの方が多いですね。

竹田・丸山（2013）をもとに作成

保護者は、目に見えないプレッシャーを背負っていたりもします。

学校の宿題について保護者の話を聞いていると、「親も見られているような気がする」「親も評価されている感じがする」と語られることがあります。そういう感覚は、「我が子にしっかり宿題をさせなければ」という重圧と結びつくものです。

子どもが小さい間は、「子どもの忘れ物は親の責任」といった空気が漂いがちです。宿題については、特にプレッシャーを感じやすいようです。

教師の側からすると、「そんなつもりはないのだけれど…」という戸惑いもあるでしょう。「保護者のみなさんを見ています」という意識はないかもしれません。しかし、それでも、保護者はプレッシャーを感じてしまうのです。

子どもが宿題をうまくできないことで、強いプレッシャーが保護者にのしかかることがあります。

2　宿題を子どもに合わせる

宿題についての個別的対応

宿題に困難を抱える子どもたちの重荷は、どうすれば軽くできるでしょうか。

第一に、子どもが宿題をしやすいように援助する、ということが考えられます。放課後に宿題に付き合ったりしている教師もいます。しかし、それが無理なくできるとは限りませんし、それでうまくいくとも限りません。

第二の方法としては、最初の方法と真逆のようですが、クラス全体の宿題を完全になくしてしまうことが考えられます。宿題がなくなれば、子どもたちは宿題で苦労せずにすみます。けれども、日本の学校の現状を考えると、宿題を廃止するのは簡単ではなさそうです。少なくとも当分の間、宿題は多くの学校で存続していくことでしょう。

そうなると、第三の道を考えなければなりません。そこで浮かび上がるのが、宿題についての個別的対応という手立てです。宿題に大きな困難を抱える子については、その子に合わせて宿題の中身や宿題への取り組み方を個別に調整するのです。

そういう工夫が実際に行われている例は珍しくありません。計算問題の数を減らす、漢字を練習する量を減らす、宿題のなかで困難な部分はしなくてよいことにする、といった対応がみられます。全体として「できるところまででよい」としている例もあります。

子ども本人に合わない宿題を無理強いしたところで、子どもが苦しい思いをするばかりです。宿題をしないことで勉強が遅れるのを心配する前に、目の前の子どもの大変さを心配したほうがよいでしょう。宿題についての個別的対応は、必要性が認められる場合には積極的に考えてみてよいものです。

「みんな同じ」が平等だとは限らない

特定の子どもだけを「特別扱い」することに抵抗を感じる人もいるかもしれません。

子どもによって宿題の中身が異なることは「不公平」で「不平等」だという意見が出ることも考えられます。

しかし、たとえば、障害のある子どもの教育に関しては、「合理的配慮」の保障が言われるようになってきています。合理的配慮というのは、権利保障のために求められる個別的な調整です。学校教育のなかでは、テストの際に漢字にルビがふられた問題用紙を使う、といったことがされています。

日本も2014年に批准した「障害者の権利条約」では、必要な合理的配慮がなされないことは「障害に基づく差別」にあたるとされています。(手話を使わずに)みんなが音声で話を聞く、(スロープを使わずに)みんなが階段を歩いて上る、といったように、表面的な「みんな同じ」を強要すると、むしろ差別になる場合があるということです。「みんなと同じように扱っているのだから、問題ない」ということにはなりません。

厳密に言うと、宿題についての個別的対応のすべてが合理的配慮にあたるわけではありません(そのことの説明は省略します)。ただ、ここで重要なのは、合理的配慮についての考え方です。必要に応じての個別的な調整があってこそ、不平等が是正され、権利の平等が実現されていくということです。

障害者の権利条約 第2条（一部抜粋：傍線は筆者、日本政府公定訳）

「障害に基づく差別」とは、障害に基づくあらゆる区別、排除又は制限であって、政治的、経済的、社会的、文化的、市民的その他のあらゆる分野において、他の者との平等を基礎として全ての人権及び基本的自由を認識し、享有し、又は行使することを害し、又は妨げる目的又は効果を有するものをいう。障害に基づく差別には、あらゆる形態の差別（合理的配慮の否定を含む。）を含む。

「合理的配慮」とは、障害者が他の者との平等を基礎として全ての人権及び基本的自由を享有し、又は行使することを確保するための必要かつ適当な変更及び調整であって、特定の場合において必要とされるものであり、かつ、均衡を失した又は過度の負担を課さないものをいう。

子どもたちの権利を平等に保障するためには、「何を同じにするのか」を問わなければなりません。どの子にも充実した学びが保障されているのか、十分に遊んだり休んだりできる生活がみんなに保障されているのか、ということが大切です。表面的な「みんな同じ」が求められているのではありません。

宿題については、どの子にも同じ内容を課すのが適切なのか、考え直してみるべきでしょう。宿題の内容が「みんな同じ」であれば、その宿題にかかる時間は子どもによって異なります。子どもが経験する難しさも、人それぞれです。宿題を通して多くの学びを得る子もいるかもしれませんが、宿題を簡単すぎる作業にしか感じられない子もいるでしょうし、宿題を単なる苦行としか思えない子もいるでしょう。

個別的対応を進めるために

宿題についての個別的対応に関しては、まわりの子どもたちの目が気になるという意見が教師や保護者から出されることもあります。「ずるい」と思われるのではないか、いじめの原因になるのではないか、という心配が語られたりします。

たしかに、まわりの子どもたちの受けとめは気になるところかもしれません。ただ、子どもたちは、ほかの子のことをよく見ています。ある子に対して宿題についての個別的対応がされていることを知ったときには、その理由を納得できるようです。私が話を聞いた学校の先生の多くは、「心配ない」と言っていました。

また、宿題のことに限らず、学校教育のなかでの個別的対応は、特別な子どものためにあるのではありません。必要とする子どもには、誰にでも開かれているはずのものです。そのことを子どもたちが理解できる環境がつくられていれば、個別的対応について「ずるい」という反応が広がることにはなりません。

もっとも、悩ましいのは、宿題に困難を抱える子ども自身が「特別扱い」を嫌がる場合です。「自分だけ違うのは嫌だ」「みんなと同じがいい」という感覚、「宿題はしなければならない」という意識、「みんなにどう思われるだろう」という不安は、子どもたちのなかに深く浸透しているようです。

どうすればよいのか、単純には言えません。ただ、子どもたちにかかる重圧を和らげるような日頃からの雰囲気が大切なように思います。「○○ができてもできなくても、自分は大事にされる」と子どもたちが思える環境が求められます。「みんなと同じでなくてもかまわない」「それぞれ自分に合った方法でやればよい」という姿勢、「宿題は無理してするものじゃない」「宿題なんて深刻に考えるようなものじゃない」という態度を、まわりの大人が示していってもよいのではないでしょうか。

3　柔軟に考えよう

宿題の量を減らすといった個別的対応は、子どもたちの苦労を減らすためのものです。「子ども一人ひとりに宿題を合わせることで、少しでも宿題をさせるべきだ」ということではありません。

子ども本人、保護者、教師の了解があるのなら、「宿題はできるところまででよい」とする、「宿題なし」にする、といったことも考えられます。

宿題についての個別的対応がされている場合でも、「配慮してもらっているのだから、できることは精一杯やらなければ」と律儀に考える必要はありません。「できるところまででよい」という話は、「できるところまではしなければいけない」と解釈しなくてもよいのです。

ある保護者は、我が子が宿題についての個別的対応を受けていることに触れながら、「できる宿題でも、ときどき、さぼるようになった。それも成長だと思う」と話していました。「さぼり」を問題とみなすのではなく、「さぼり」に子どもの成長を感じているわけです。大切な見方だと思いました。融通をきかせて自分の生活をうまくやりくりできるようになることは、重要な発達の姿です。

親も柔軟になればよいのだと思います。「宿題はさせなければいけない」「親としてしっかりしなければならない」「子どもを甘やかしてはいけない」といった呪縛から親が解き放たれることで、親も子も少し身軽になるのではないでしょうか。

親子で夜遅くまで（泣きながら）宿題をがんばることは、特に美しいものではありません。

宿題とＩＣＴ

大学の講義のなかで宿題についての話をすると、「ＩＣＴを活用することで子ども一人ひとりに合わせた宿題が可能になるのでは？」という意見が学生から返ってくるようになりました。近年では文部科学省が「個別最適な学び」を強調していますし、ＧＩＧＡスクール構想のもとで子どもたちがＩＣＴ端末をもたされるようになったので、そういう反応が増えるのは当然なのでしょう。

ただ、宿題の弊害を緩和するために（緊急避難的に）個別的対応をすることと、最初から一人ずつバラバラの宿題を課すこととは、同じではありません。そのことには注意が必要です。

子どもによって宿題がさまざまなのだとしたら、その宿題の目的は何でしょうか。「国語の教科書に新しく出てきた漢字を覚える」といった全員共通の宿題とは、趣旨が違っているかもしれません。宿題が「自分の力に合わせて勉強してきてください」というものなのだとしたら、その宿題は本当に必要なのでしょうか。
子どもごとに宿題の進度が異なっていく場合には、「どこのレベルまで到達したか」という競争が強まることも心配です。また、「子ども一人ひとりが機械を相手に学習するのが合理的だ」という感覚が広がると、学校教育の基本的なあり方が変容していく可能性もあります[3]。

ＩＣＴの活用に良い面がないとは思いません。鉛筆で文字を書くのが難しい子どもが、キーボード入力をすることで味わい深い作文を書くこともあります。

しかし、安易に機械に頼るのは危険です。たとえば、丸つけの融通がききにくいことがあります。子どもが書いた漢字の書き順が間違っていたり、文字の形が歪んでいたりすると、コンピュータに「×」と言われてしまいます。「採点：甘い」といった設定が用意されていることもあるそうですが、ある保護者は「私がやっても、なかなか『○』がもらえない」とぼやいていました。
宿題の確認をするのが担任の先生であれば、子どもたち一人ひとりの顔を思い浮かべながら、融通をきかせることができます。気持ちが折れそうになるところまで子どもを追い込まず、大目に見ることも可能です。ところが、「個別最適な学び」に役立つと期待されている機械は、個別に融通をきかせるとは限りません。薄っぺらい機械を利用することで、子どもたちが苦しい思いをするかもしれません。

また、視野の狭い教育学の議論のなかでは指摘されにくいのですが、ICTの活用は大きな環境負荷に結びついています[4]。

電子機器の材料となる鉱物の採掘や製錬・精錬の過程では、大量の水やエネルギーが使われたり、大量の有害廃棄物が発生したりして、環境破壊が引き起こされます。パソコンの製造過程でも、化学物質が投入され、化石燃料が消費されています。

データセンター等で使われる電力もかなりのものです。ICT分野からの温室効果ガス排出は多量で、今後も増加が予想されています。

さらに、ICT機器は、電子ゴミの問題にもつながっています。廃棄されるタブレットは、自然に土に還るものではありません。

ＩＣＴを多用する社会が持続可能なのかどうか、かなり疑わしいのです。[5] 宿題にＩＣＴ端末を活用するというのであれば、まず手始めに、「日本の電子ゴミの総量」や「ＩＣＴ関連の温室効果ガス排出量」についての調べ学習をしてみるとよいかもしれません。

ＩＣＴ端末の使用に関しては、子どもたちの視力への影響や、電磁波による健康被害も懸念されています。また、ＩＣＴ端末を持ち運ぶ子どもたちの負担、家庭に持ち帰ったＩＣＴ端末が破損した場合の対応、子どもや家族の個人情報の保護、インターネットの利用をめぐるトラブルなどについても考えなければなりません。

検討課題はたくさんあります。

第5章

家庭の多様性を考える

子どもたちが一人ひとり異なるのと同じように、子どもたちの家庭環境もそれぞれに異なっています。学校の宿題について考えるときには、そのことを無視できません。学校の宿題には、家庭が関係してきます。学童保育で宿題をする子どももいますが、家で宿題をする子どもが多くいます。また、家庭で保護者が宿題に関与することも少なくありません。

学校教育が高い自立性をもっていれば、学校教育への家庭環境の影響は小さくなるでしょう。しかし、宿題には家庭依存の傾向が強いため、家庭環境が宿題に影響を与えてしまいます。

1　家庭依存の宿題

宿題の家庭依存が最も直接的に表れるのは、学校によって保護者が宿題に動員されるときです。

子どもの宿題について、「丸つけ」「おうちの方のコメント」「確認」などをするよう、教師から保護者に「お願い」がされることがあります。これらの「お願い」を保護者が拒否するのは極めて困難です。宿題に関する「お願い」は、実際には教師からの「指令」になっています。

きちんとした調査結果が手元にあるわけではないのですが、宿題についての「指令」は、以前に比べて増えてきているのではないでしょうか。

私自身の経験でも、自分が小学生だったときには、宿題の丸つけを親にしてもらうことはありませんでした。ところが、今では、我が家には小学生が2人いるため、学校の夏休みには丸つけが「親の宿題」になっています（「なおし」を求めると子どもが不機嫌になるので、間違いに目をつぶって丸をつけます）。

教師から「指令」が出ていない場合でも、家族が宿題に関わることは少なくありません[1]。

宿題のわからないところを家族が教え、間違いを指摘しています。算数の文章問題を教え、漢字についてヒントを出しています。プリントの確認を母親がしています。九九の歌を母親がインターネットで調べ、一緒に練習していることがあります。「自主学習」の宿題のために、母親が面積についての問題を考えたり、インターネットで無料の問題をダウンロードしたりしています。「自主学習」で何をするのか、親が子どもといっしょに考えています。

夏休みには、学校から「読書感想文の書き方」が保護者に配られ、母親が子どもの作文を手伝っています（ほとんど母親が考えていたりします）。また、「自由研究」のために、書店で本を探したり、お菓子の箱や包み紙を集めたり、家族でダムに写真を撮りに行ったりします。

驚くほどのことを家族がしています。

教育社会学者の倉石一郎氏は、家庭への依存によって宿題が成り立っていることを論じながら、戦時中の「総力戦体制」「総動員体制」に関係づけて、「教育総動員体制」という言葉を用いました(2)。そして、保護者の「無償労働」に学校が支えられていることに触れています。重要な指摘だと思います。

学校教育への保護者の協力を当然のものとみる発想は、再考が求められるのではないでしょうか。教師の仕事を保護者に押しつけてはなりません。教師の過剰労働については、政策的な解決が求められます。教師の多忙のしわ寄せを子どもや保護者に向けるべきではありません。

宿題に保護者を動員する体制には、これからみていくように、軽視できない問題があります。

2　子どもの宿題を家族が支える？

子どもの宿題を手伝う家族

京都教育大学の授業のなかで、「学校の宿題を家族に手伝ってもらった記憶はありますか」という質問をして、答えを書いてもらいました。「ないです」という回答もみられましたが、8割くらいの人が何かしらの「記憶」を記入していました。

算数ドリルに関して計算の方法を教えてもらっていたという記述もありましたが、漢字練習や計算練習のような日常の宿題について書いた人は多くありませんでした。

多かったのは、夏休みの宿題に関する記述です。「姉や兄と年齢が離れていたので、絵が得意な姉にはポスター作成や美術の課題、兄には読書感想文等を手伝ってもらっていた記憶がある」という人もいます。姉や兄に恵まれると、夏休みの宿題が楽になるようです。

もちろん、父や母に宿題を手伝ってもらっている例もあります。「父が建築士なので、夏休みの工作の課題なども一緒に考え、父のアドバイスを参考にして作った」という人もいますし、「夏休みの自由研究は、母が書いた論文をわかりやすく小学生らしくアレンジしてくれたものを提出しました」という話もあります。プロの手が入った作品が、夏休み明けに出てくるわけです。

別の人は、次のようなことを書いています。「小学生の夏休みの宿題（工作）を親に手伝ってもらった経験があります。自分の作品ですが、結果としてほぼ親の制作になり、それが表彰されたときには複雑な心境でした」。読書感想文等についても思い当たる、「(夏休みの) 宿題あるある」なのかもしれません。

まじめに考えると、これらのエピソードを笑ってすませることはできません。工作を手伝ってくれる建築士や、研究論文を小学生版にアレンジしてくれる母親は、どこの家庭にもいるわけではありません。そもそも、親の職業に関わらず、父親や母親と暮らしている子どもばかりではありません。宿題を手伝ってくれる兄や姉がいない子どもも、大勢います。

●●● 宿題を手伝いにくい家族

すべての子どもが家族に宿題を手伝ってもらえるわけではありません。夏休みの宿題だけでなく、日頃の宿題にしてもそうです。

学童保育に通う小学生の増加にも表れているように、共働きの家庭が多くなっています。夜遅くまで親が家に帰れない一人親家庭もあります。

仕事や家事で多忙な親にとって、夜に子どもの宿題に付き合うのは楽なことではありません。子どもからしても、夜まで宿題をせずにおくわけにもいかなかったりします。時間的余裕がなければ、親が子どもの宿題を手伝うのは難しくなります。

夕方を祖父母とともに過ごし、祖父母に宿題をみてもらっている子どももいますが、そういう祖父母が近くにいるとは限りません。

時間的余裕だけの問題でもありません。保護者のルーツが外国にある場合も珍しくないのです。日本の学校教育になじみが薄い保護者、日本語の理解が難しい保護者もいます。

また、保護者のなかには、精神障害を抱えている人もいますし、知的障害がある人もいます。そういう人が子どもの宿題を手伝えないということではありませんし、障害がなければ子どもの宿題をうまく手伝えるということでもありませんが、すべての保護者が無理なく宿題を手伝えるわけではないのです。

子どものきょうだいの状況もさまざまです。宿題を手伝ってくれる兄や姉がいることもあるでしょうが、幼い弟や妹が部屋で騒がしく遊んでいることもあります。きょうだいがゲームをしている隣で宿題に集中しなければならないとしたら、子どもにとっては厳しい試練でしょう。また、小さな子どもの世話に親が手を取られていると、子どもが親に宿題を手伝ってもらうのは難しくなるかもしれません。

児童養護施設で生活している子どももいます。子どもが家庭で宿題を応援してもらえるとは限らないのです。

「格差」と宿題

家庭の経済的な格差や時間的余裕の格差が宿題に反映されていくことは、見過ごせない問題です。

スクールソーシャルワーカーとしての経験をもつ金澤ますみ氏は、一人親家庭の母親の声を紹介しています。

夏休みの自由研究や、絵日記は、（お金のない）我が家にはとても負担です。どこにも連れて行ってあげられない。でも、そんなこと、誰にも言えません。(3)

金澤氏は、続けて、夏休み明けの学校の実態を次のように記しています。

教室に子どもたちの絵日記が飾られ、自由研究は一定期間「作品展」として体育館に飾られたりする。絵日記には、遊園地や海に行ったときのことなどのイベントを描いたものが並ぶ。家族旅行や自由研究の材料費にはお金がかかっているという側面もあるし、どちらも大人がかかわる場合、大人たちの時間も費やされてはじめて宿題が成立する。

私にも思い浮かぶ光景があります。9月頃に大学の附属小学校の教室に行くと、夏休みの絵日記が教室の後ろに掲示されていたりします。コロナ禍の前には、「ハワイに行ってきました」「オーストラリアに行きました」といった内容が少なからずあり、その豪華さに驚かされていました。

我が家の子どもが1年生のときに仕上げた絵日記は、1枚が「おじいちゃんが持ってきてくれた桃を食べて、おいしかったです」で、もう1枚は「家族みんなでジェラートを食べて、おいしかったです」でした。食べものの話ばかりで、海外旅行に比べると地味な感じがしますが、そうした経験も、すべての子どもに保障されているわけではありません。

日頃の宿題も、「格差」と無縁ではありません。経済的な困難を背景に、毎日のように長時間に及ぶ仕事をしていると、その保護者が子どもの宿題の世話をするのは大変です。何とか子どもの宿題に付き合ったとしても、そのことが保護者の負担になってしまいます。

家庭の環境のことも気になります。子ども部屋があったり子ども用の学習机があったりする家ばかりではありません。宿題に集中できる場所が家の中にあるとは限りません。「自主学習」に役立つ図鑑や事典が子どもの身近にある家は少数かもしれません。

●●● ヤングケアラーと宿題

病気や障害を抱える家族と暮らしている子どももいます。近年では、「ヤングケアラー」として、家族のケアを担う子どもの存在が社会的に注目されるようになってきました。家族を介護している子ども、きょうだいの世話をしている子ども、買い物・料理・掃除・洗濯などの家事を担っている子どもがいます。

政府のもとで行われた全国調査では、「世話をしている家族の有無」について、小学校6年生の6・5パーセント、中学2年生の5・7パーセントが「いる」と答えています(4)。小学生のなかにも、ヤングケアラーが少なくありません。

全国調査の結果をみると、「世話をしているために、やりたいけれどできていないこと」に関する質問において、小学校6年生では、「自分の時間が取れない」「友人と遊ぶことができない」に次いで、「宿題をする時間や勉強する時間が取れない」という回答が3番目に多くなっています。地方自治体での調査をみても、ヤングケアラーであることの「学校生活への影響」として多くの教職員が認識しているのは、「欠席」「遅刻」や「忘れ物」と並んで、「宿題をしてこない」ということです[5]。

英国でまとめられた「ヤングケアラーが学校に望むことトップ10」のなかにも、「昼休みのヤングケアラー・ミーティングや宿題クラブを開くなどのサポートをもっとしてほしい」「柔軟に対応してほしい──宿題や課題をするための時間や手助けをもっと与えてほしい」のように、宿題についての要望が含まれています[6]。家族のケアを担うことで宿題をするのが難しくなっている状況がうかがえます。

すべての子どもが家庭で宿題に集中できるわけではないのです。学校教育が家庭に依存することで、困難な家庭環境にある子どもの不利が深まります。

3　宿題を家庭に押しつけない

ある小学校では、放課後に子どもたちが宿題に取り組む場を３つ用意してきました。[7] ①外国にルーツのある子どもたちが行く教室、②特別支援学級に在籍している子どもたちのための教室、③４年生以上の子どもたちが算数に取り組む教室、という３つです。「いずれの取り組みも学力保障という観点から始まり、家庭での学習が難しい子に対してその機会を提供することに目的がある」とのことです。

ある教師は、「宿題やってないやん」から子どもたちとの一日を始めるのはしんどい、という思いを述べています。また、「宿題ができないまま学校に来る→朝から荒れる」という「負のサイクル」を語る教師もいます。子どもたちの宿題を支える学校の取り組みには、小さくない意義がありそうです。

「お直し」の見直しを

子どもたちが苦労して宿題を終わらせても、次の日には「お直し」の印だらけのノートが返ってくることがあります。提出した宿題が付箋だらけになって戻ってくるのを手にする子どももいます。

先生だけが「お直し」を指示するとは限りません。毎日の宿題の確認を保護者が先生から「お願い」されていることもあります。日常的には保護者が宿題のチェックをしていない場合でも、夏休み・冬休みの宿題については保護者が丸つけをしたりします。保護者がまじめに丸つけをすると、子どもに「お直し」を求めることになります。

この「お直し」が困りものです。「お直し」が好きな子どもはいません。「お直し」をするように言われた子どもは嫌な気分になります。「お直し」が親子げんかの原因になることも多々あります。完璧になるまで宿題の「お直し」をするとなると、子どもも親も大変です。

長く小学校教師として仕事をしてきた塚本章人氏の次の言葉を、みんなで噛みしめたいと思います。

すべての子どもが「できた」と思える宿題が「良い宿題」です。そして、もし間違っていても「×」をつけたり、やり直しをさせたりしてはいけません。「たかが宿題」です。教師も親も、そして子どもも、「たかが宿題」で苦しむ必要などないのです。(8)

このような取り組みは、学校が家庭の役割を代替するものとして捉えることもできるでしょう。しかし、子どもたちの学習を保障するのは、学校の本来の役割です。その学校の役割を家庭に代替させてきたのが、宿題なのかもしれません。そう考えると、宿題のための教室を学校が用意するというのは、学校が本来の役割を果たそうとしている姿であるとも言えます。

宿題のための教室に行くことを子どもたちが強要されるようなら、それを安易に歓迎することはできません。学校が子どもを抱え込む時間をむやみに広げるべきではないとも思います。

けれども、「学校が家庭に押しつけてきたことを、学校に戻していく」という方向性は重要です。

学校教育の家庭依存を改め、学校の責任のもとで学校教育が展開されるようにすることが求められます。学校教育の自立度を高めなければなりません。

子どもについての責任は親にある?

近年の日本においては、親の「第一義的責任」が政策的に強調されるようになっています。[9] 子どもに関わる法律の制定・改定のなかでも、親の「第一義的責任」の規定が進められてきました。

２００６年には、教育基本法が改定され、新設された第10条において、「父母その他の保護者は、子の教育について第一義的責任を有する」とされました。また、２０１６年の児童福祉法改定では、第2条に「児童の保護者は、児童を心身ともに健やかに育成することについて第一義的責任を負う」という規定が加えられました。そして、２０２２年に成立した「こども基本法」でも、「こどもの養育については、家庭を基本として行われ、父母その他の保護者が第一義的責任を有するとの認識」が示されています。

こうした動きは、子どもの権利条約を一つの根拠にしています。１９８９年に成立し、日本も１９９４年に批准した子どもの権利条約では、第18条において、親（保護者）は「子どもの養育および発達」についての「primary responsibility」を有するとされているのです。

日本政府は、「primary responsibility」を「第一義的責任」と訳しています。

しかし、「子どもの権利条約も親の『第一義的責任』を規定している」と考えることには問題があります[10]。

子どもの権利条約が成立した直後に研究者らによって作成された複数の日本語訳を調べてみました。それらはどれも、「primary responsibility」を「第一次的責任」と訳しています。「第二次」「第三次」の責任者の存在を感じさせる語です。

一方で、後から作成された日本政府訳では、「primary responsibility」が「第一義的責任」と訳されてしまいました。「第一義的責任」は、日本の政策のなかでは、子どもについての責任を専ら親に負わせようとするような文脈で用いられることのあった語です。

日本政府が用いてきた「第一義的責任」と、子どもの権利条約の「primary responsibility（第一次的責任）」とは、必ずしも同じものではありません。

子どもの権利条約の条文をみると、第18条の第2項は、国による援助に関する内容になっています。子どもの権利条約に記されているのは、「ぎりぎりまでは親が自力で何とかする」「どうしようもなくなったときだけ政府が援助する」ということではありません。「ぎりぎり」になる前に、「ぎりぎり」にならないよう、国がしっかりと役割を果たさなければならないということを、子どもの権利条約は述べているのです。

子どものことについては、いわゆる「責任」を親ばかりに負わせてはならない――それが子どもの権利条約の立場です。

また、近年では指摘されることが少ないのですが、親の「第一次的責任」についての子どもの権利条約の規定は、国や第三者による不当な干渉・介入の排除を意味しています。「第一次的責任」は親にあるから、おかしな干渉・介入を国等がしてはならないということです。子どもの権利条約の第18条は、単に親の「責任」を確認するだけのものではなく、親の権利を守ろうとするものなのです。

親の「責任」を強調し、子どもについての「責任」を親に押しつけようとする動きは、

一　子どもの権利条約の趣旨に沿うものとは言えません。

子どもの権利条約 第18条（傍線は筆者、国際教育法研究会訳）

1　締約国は、親双方が子どもの養育および発達に対する共通の責任を有するという原則の承認を確保するために最善の努力を払う。親または場合によって法定保護者は、子どもの養育および発達に対する第一次的責任を有する。子どもの最善の利益が、親または法定保護者の基本的関心となる。

2　この条約に掲げる権利の保障および促進のために、締約国は、親および法定保護者が子どもの養育責任を果たすにあたって適当な援助を与え、かつ、子どものケアのための機関、施設およびサービスの発展を確保する。

3　締約国は、働く親をもつ子どもが、受ける資格のある保育サービスおよび保育施設から利益を得る権利を有することを確保するためにあらゆる適当な措置をとる。

第6章

宿題をやめてみた
—「ランドセル通学廃止」の試み—

学校の宿題にはいろいろと問題点があることをみてきました。いったい宿題をどうすればよいのでしょう。

いっそのこと宿題をなくしてしまう、というのは考えられないでしょうか。

実は、日本では、小学生の宿題をなくす試みが進められたことが過去にあります。1960年代に「ランドセル通学廃止」の取り組みが広がったのです[1]。

子どもたちがランドセルを背負って学校に通うという従来のやり方を改め、教科書やノートを学校に置いて家に持ち帰らないようにします。そうすると、家では教科書やノートを開かないことになります。ランドセル通学廃止は、宿題をなくすことと深く結びつき、宿題の廃止を意味するものになりました。

1 「教室のかんづめ」をなくす

ランドセル通学廃止に踏みきった学校として最初に注目されたのは、青山学院初等部です。青山学院初等部が１９６３年度に１～２年生のランドセル通学を廃止するとしたことについて、読売新聞は３度にわたり記事を掲載しました。１９６３年３月16日のコラム「編集手帳」は、「ランドセルは〝教室のかんづめ〟のようなもの」と言ったうえで、「ランドセルに〝学校〟を重く詰めこんで家に帰り、宿題に時間をとられてあそぶひまも、家庭のしつけをうける余裕もない、といういまのこどもの生活は一種の地獄だ」と述べています。そして、「ランドセルにゾウリ袋にソロバン、体操着の七つ道具を背負う姿は、児童虐待の象徴というべきだ」として、青山学院初等部のランドセル通学廃止を「英断である」と評価しています。

次に注目されたのは、東京学芸大学附属小金井小学校におけるランドセル通学廃止です。小金井小学校は、１９６４年度の３学期から、１年生のランドセル通学を廃止しました。教科書やノートなどの学用品は学校のロッカーに収納され、宿題はなくなりました。１９６５年２月５日の朝日新聞は、「父母の大部分も賛成」という肯定的評価を入れて、小金井小学校のランドセル通学廃止についての記事を掲載しています。

このようなランドセル通学廃止は、１９６０年代の中頃には各地の公立小学校でも試みられるようになり、新聞や雑誌において紹介される例も現れました。たとえば、愛知県岡崎市立連尺小学校では、宿題を出さないことが学校として決められ、1965年に1年生のランドセル通学が廃止されました。奈良県桜井市立桜井南小学校では、1966年4月から、1年生と2年生を対象にランドセル通学廃止が実施されました。青森県北津軽郡の板柳第二小学校でも、1960年代半ばに、教科書を家に持ち帰らずに予習・復習を学校ですませるという方式がつくりあげられました。

そして、1966年には、兵庫県西宮市の教育委員会が、公立小学校でランドセル通学廃止を段階的に実施していくことを決めました。初めて、一つの市が全体としてランドセル通学廃止を推進することになったのです。

西宮市の教育長だった刀禰館《とねだち》正也氏は、ランドセル通学廃止の取り組みを「学用品学校常置体制」と呼びました。いかめしい名称ですが、つまりは「置き勉」です。「置き勉」を普及させ、宿題をなくしていく——そういう教育改革が図られたのです。

こうしたランドセル通学廃止は、大手の新聞によって好意的に伝えられました。19

66年3月14日の朝日新聞は、「ランドセルは、見ようによっては学校教育をそっくりそのまま家庭に持ち込む道具、パイプの役をしているわけだ」と記しながら、「ランドセル　さようなら」という大きな文字の目立つ記事を掲載しました。1966年4月4日の朝日新聞では、ランドセル通学廃止について、「全国的に実施してみてはどうか」という提案がされています。

1966年4月4日の読売新聞の社説も、西宮市のランドセル通学廃止について、「学校教育と家庭教育にけじめをつける」という点で「革命的」であると評価しながら、「教え子の得手、不得手を見いだし、不得手な教科を人並みに引き上げる責任は家庭にはない。あくまでも教師の責任である。宿題を出さなくても、学習効果をあげられる充実した授業を教師はくふうしなくてはならない」と述べています。また、1970年4月2日の読売新聞では、「家庭教育は学校教育の〝アンコール・アワー〟」と言われることが触れられ、「家庭教育を学校教育から切り離すためには、この両者をつなぐパイプ役のランドセルをなくすべきである」と書かれています。

ランドセル通学廃止は、当時の人びとに期待を抱かせる取り組みだったようです。

「置き勉」のすすめ

2018年に、文部科学省は、学校での「置き勉」を認める通知を出しました（「児童生徒の携行品に係る配慮について」という、堅苦しい題名です）。その影響もあってか、部分的にせよ、「置き勉」が行われている学校は珍しくないようです。

「置き勉」をするようになれば、子どもたちの荷物は軽くなります。家からの持参物が少なくなるので、忘れ物も減りそうです。「〇〇を忘れました」「次は気をつけてね」といったやりとりが少なくてすみます。「置き勉」の普及は、積極的に考える価値があります。

さらに言えば、学校で必要なものは基本的に学校の備品にするべきです。学用品の個人購入・個人所有は、「隠れ教育費」を増やし、家計を苦しめます[2]。理科室に顕微鏡が置かれているのと同じように、鍵盤ハーモニカや漢和辞典を学校に備え付ければよいのです。鉛筆やノートも、学校が支給したらよいと思います。

プラスチックの算数セット・書道セット・絵具セットを一人ひとりの子どもにもたせることは、環境負荷という面から考えても問題です。

日本国憲法の第26条には、「義務教育は、これを無償とする」とあります。憲法違反の現状を早急に是正し、「学用品学校常置体制」を実現させるべきです。

教科書等の置き場所が問題になるかもしれませんが、手厚い教育のために少人数学級化を進めることで、教室に空間的ゆとりが生まれるのではないでしょうか。

2 「家庭と学校との異常関係」を正すために

家庭と学校の役割分担

ランドセル通学廃止が進められた理由の一つは、子どもの交通安全でした。私立小学校や国立大学附属小学校では、通学圏が広く、満員電車に乗って通学する子どももいることから、ランドセル通学廃止によって子どもの安全確保が図られました。また、千葉県市川市では、ランドセルを大型トラックにひっかけられたとみられる小学生の死亡事故を契機に、1968年から全小学校において1年生の1学期に限ってランドセル通学が廃止されることになりました。

しかし、ランドセル通学廃止の主要な理由は、家庭と学校の役割分担を築き直すことにありました。

西宮市でランドセル通学廃止を推進した刀禰館正也氏は、「学校で当然引き受けるべきことが過当な宿題とか〝別勉〟（家庭教師や塾など）といった形で、どしどし家庭に持って帰られる」「学校の果たすべき役割というものがきわめて不明確となり、かなりの分野が家庭と父母に押しつけられる」という実態を批判し[3]、家庭と学校との望ましい関係について、「家庭でしつけ、学校で学習」と説明しています[4]。

学校が「勉強」「学習」に責任をもち、家庭は「しつけ」「人間教育」に専念するという役割分担が、ランドセル通学廃止の取り組みのなかで考えられていました。家庭が「しつけ」「人間教育」の場なのかどうかはともかく、「勉強」「学習」を学校できちんと引き受けようとする姿勢が示されていることが注目されます。

学校教育の家庭依存に対する批判

家庭と学校の役割分担に関しては、学校教育の家庭依存が問題にされたことが重要です。

西宮市の刀禰館氏は、「学校限りでなすべきことが、家庭の大幅な応援によって初めて成り立つというのは、日本独特の学校教育のあり方であり、実に情けなく恥ずかしいことだと思います」と述べ[5]、「ランドセル通学という奇習こそ、家庭と学校との異常関係のシンボルにほかならない」と訴えました[6]。

刀禰館氏は、「元来、わが国の学校には、経済面だけにとどまらず、学習指導面においても大幅に家庭に依存してはばからない〝体質〟がある」ことに言及し、「父なき子や、学力なき母の子は、いったいだれに教えを請うべきであろうか」と問いかけながら、家庭への依存が「差別の拡大再生産を許す結果となってしまう」ことを批判しています[7]。そして、「校門の中の完全平等」を掲げ、「必要最低限度の学習は学校の責任においてみっちり教えること」を主張しています。

こうした議論は、現在の日本においても大切なものではないでしょうか。

3　宿題をやめたら学力が低下する？

ランドセル通学廃止の理念に共感する人は少なくないと思います。

一方で、宿題をなくすことの影響が気になる人も多いはずです。「子どもたちの学力が低下するのでは？」という疑問が想定されます。

ところが、１９６０年代のランドセル通学廃止についての資料を見る限り、ランドセル通学廃止によって子どもたちの学力が低下したという話は見当たりません。それどころか、ランドセル通学廃止の良い影響がさまざまに報告されています。

東京学芸大学附属小金井小学校のランドセル通学廃止については、保護者を対象とする調査が行われ、「ランドセルを廃止してみて、児童の学習や生活態度上よいと思われる点」として、次のようなことが挙げられました。

・通学が安全で、楽だ
・家庭でよく本を読むようになった
・学校だけで学習を終わらせようとし、授業中の態度が真剣になったようだ
・朝のしたく、補習などの心配がなく、親子ものびのび生活ができる
・わすれものに気を使わなくてすむ
・からだが疲れないので発育上よい
・自分の身のまわりのことを、自分でするようになった
・教科書以外の学習が自由にやれる
・学校生活について、よく話をするようになった
・戸外で元気よく遊ぶようになった

こうした評価は、ランドセル通学廃止を推進する立場から示されているものですので、そのことを差し引いて考える必要はあります。しかし、ランドセル通学廃止による学力低下が確認されていないこと、良い影響が語られてきたことは、注目しておくべき点でしょう。

子どもたちを守るために

作家の安岡章太郎氏は、「宿題」という作品を残しています。作家自身の体験が基になっているものです。１９３１年の東京が舞台で、青山南小学校に転校した５年生の「僕」が主人公です。(8)

前にいた弘前の小学校では宿題がなかったらしいのですが、今度の学校では夏休み前に「あらゆる科目の分厚い宿題帖」を渡されます（10冊以上も！）。ところが、「僕」は宿題をしません。８月31日に真っ白なままの宿題帖を見た母は、泣き出し、「お前も死になさい。あたしも死ぬから」と言います。

幸い、「僕」も母も、死にはしません（母子で徹夜して、でたらめの回答を宿題帖に書き込みます）。しかし、小説の世界を離れて現実の世界に戻り、過去の新聞記事を探ると、「宿題を苦に自殺」と報じた記事がいくつも見つかります。

たとえば、１９７５年１月９日の朝日新聞には、「『冬休みの宿題帳なくした』５年生の少女が自殺」という記事が掲載されています。１９９１年９月１日の朝日新聞には、「小

6男児が首つり自殺　夏休みの宿題残したのを苦に?」という記事があります。また、2006年9月1日の朝日新聞は、「夏の宿題苦に中1男子自殺?」という見出しの記事を掲載し、「1日から学校が始まるが、宿題がたまって悩んでいた」という母親の言葉を紹介しています。

こうした事件の原因が本当に宿題(だけ)だったのかどうか、新聞記事から確かなところを知ることはできません。おそらくは、宿題が一因だったとしても、他の要因も絡んでいたことでしょう。

ともあれ、「実際に宿題が原因だったかどうか」が問題なのではありません。関係者が宿題を死の理由とみなした事例が少なくないこと、宿題を死の理由とみなす新聞報道がされてきたことに注目する必要があります。

宿題が子どもを死に追いやることもあると、多くの人が考えていたのです。新聞記事の読み手のほとんどは、宿題を死の理由とみなすことに違和感や疑問を抱かなかったのではないでしょうか。

宿題の深刻な危険性が認識されていたわけです。それなのに、事件を契機に宿題のあり方が真剣に問い直された形跡はありません。そのことを、私たちは重く受けとめるべきだと思います。「子どもたちを守るために、宿題をなくす」という選択肢も、あったはずなのですから。

4 「ランドセル通学廃止」をもう一度

ランドセル通学廃止の評判は、そう悪いものではありませんでした。けれども、ランドセル通学廃止は、十分に広がらないまま、１９７０年代の初頭には沈静化したようです。

１９７０年代に入ると、ランドセル通学廃止の取り組みを過去のものとみなすような雑誌記事が見られるようになります。大手の新聞も、手の平を返すように、ランドセル通学廃止について冷ややかな記事を掲載するようになりました。たとえば、１９７２年11月12日の朝日新聞は、西宮市におけるランドセル通学廃止の実情に関して、次のように書いています。

なるほどランドセルはない。その代り、みんな手さげカバンや、ショルダーバッグをかかえている。ほかに水筒、習字道具入れ、体操の服を入れたナップザックなど、二つも三つも荷物を持った子が多い。なんのことはない。入れものが代わっただけではないか。

その記事は、西宮市のランドセル通学廃止がめざした「別勉体制の打破」に関して、「〝別勉〟は減るどころかますます盛ん」と述べています。そして、「いまの教育体制の壁は、ランドセルを廃止して破れるほど、薄いものではなかった」と結んでいます。

1960年代のランドセル通学廃止は、受験競争の激流のなかに飲み込まれてしまったのかもしれません。

しかし、ランドセル通学廃止の意義が否定されたわけではありません。ランドセル通学廃止それ自体の問題点が明らかになったということではないようです。

学校の宿題をめぐる現在の諸問題を考えると、ランドセル通学廃止は改めて注目するべき取り組みです。その経験に学ぶことには意味があると思います。学校の宿題をなくしていくという道を、本気で模索してもよいのではないでしょうか。

すべての宿題を一気になくすことが難しい場合でも、夏休み・冬休みの宿題をなくすこと、週末の宿題をなくすことなどが考えられます。1日あたりの量を減らすという手もあります。

宿題は、学校教育に欠かせないものではありません。今のような宿題をずっと続けていかなければならないわけではありません。学校教育はどうあるべきなのか、宿題をどうするのがよいのか、みんなで考えていきましょう。

「宿題をやめる」という選択

学校が宿題を廃止しない場合でも、保護者の判断で「宿題なし」が実現することがあります。私の知人には、「うちの子、宿題をやめます」と宣言した方がいます。「子どもは学校でいっぱいがんばっているし、やりたいことを放課後にやろうと思うと宿題をする時間はない」というのが理由だそうです。子ども本人は、サッカーに励んだりしていますが、勉強の必要性を感じると、「先生、宿題、出して」と言って、漢字の練習をすることもあるようです。

宿題拒否宣言のような強硬手段は、波風が立ちそうですし、特に勧めはしません。けれども、子ども本人の希望や納得が明確なら、一つの選択肢かもしれません。

なお、子ども時代に自分で宿題をやめた人の話を聞いたこともあります。たまに宿題をしていかないと叱られるものの、ずっと宿題をしていかないと叱られなくなるそうです。

ランドセルという重荷

なぜ日本の子どもだけが、軍隊の背のうから転化した軍国主義の亡霊ともいうべき大きくて重いカバンをかつがなければならないのか。[9]
なぜ日本の子どもだけが暗い歴史を持つ珍妙なカバンを背負わされているのか。[10]

西宮市の教育長としてランドセル通学廃止を推進した刀禰館正也氏は、右のように問いかけました。

刀禰館氏が触れているように、日本のランドセルは、軍隊で用いられた背嚢がもとになったものです。[11]「ランドセル」という語は、背嚢を意味するオランダ語「ransel」に由来します。子どもたちが背負うランドセルは、たしかに「暗い歴史」を背負っていると言えるでしょう。

そして、ランドセルは、今も子どもと家族に重くのしかかっています。

ランドセルは、物理的にも重荷です。我が家の子どもたちのランドセルを持ち上げてみると、その重さに驚きます。私の通勤鞄よりも、はるかに重い。ランドセル自体にもけっこうな重量があるわけですが、中に入っている教科書の一冊ずつも重く、全体としてずっしりしています。タブレット等のICT端末が荷物に加わると、小学生の肩の荷はさらに重くなるでしょう。

文部科学省が「置き勉」を推奨するような通知を2018年に出した背景にも、「授業で用いる教科書やその他教材、学用品や体育用品等が過重になることで、身体の健やかな発達に影響が生じかねないこと等の懸念」がありました。政府が心配するくらいの荷物を、小さな子どもたちが毎日のように持ち運んでいるのです。

ランドセルは、経済的にも重荷です。ランドセル工業会が2023年に実施した調査によると、ランドセルの購入金額の平均は5万8524円です。2018年の5万1300円から、平均額は年ごとに上昇してきています。ランドセルの費用を祖父母が負担することも多いようですが、ランドセルの金額を考えると子どもの入学を単純には喜べないかもしれません。
家庭の経済的格差がランドセルに反映することも気になります。2023年の調査によると、33・3%の人が6万5000円以上のランドセルを購入している一方で、4・2%の人は2万5000円未満のランドセルを購入しています。小学校生活の最初から子どもたちに格差が付きまとう現状は、とても健全なものとは思えません。

ランドセルの代わりに、小樽市では「ナップランド」が使われてきました。ランドセルに比べて安価で、「軽くて、丈夫で、使いやすい」と宣伝されています。また、京都府内では、ランドセルとリュックサックを合わせたような「ランリック」が用いられている地域が少なくありません。ランリックは、軽いこと、安価なこと、遠足にも使用できることが長所とされています。ただ、環境負荷を考えると、ナイロンのような化学繊維（プラスチック）を素材とする通学鞄には問題がありそうです。

やはり、学校教育に必要なものが学校で用意され、基本的には「鞄なし」で学校に行けるのが望ましいように思います。「手ぶら通学」こそが、めざすべき姿ではないでしょうか。

第7章

宿題をどうする？

宿題が学校から完全になくなれば、宿題をめぐる問題は解消します。別の問題が絶対に起こらないとは言えませんが、少なくとも宿題で子どもが苦労することはなくなります。

しかし、日本の学校から急に宿題がなくなるようには思えません。

それでは、今の私たちにできることは何でしょうか。

1　保護者にできること

宿題の実情を共有する

まずは、子どもの宿題のことで保護者が一人で悩まないようにしましょう。子どもと親で宿題の問題を抱え込まないようにしましょう。

宿題のことで大変さを感じたら、その話を誰かにしてみることです。ただの愚痴でもかまいません。ともあれ話してみることです。話して問題がすぐに解決することは多くないでしょうが、気持ちが少し軽くなるかもしれません。

いろいろな人と話をしていると、「ほかにも困っている子がいるのだな」とか、「うちの子は宿題に時間がかかるほうなんだな」とか、わかってくることがあるはずです。また、「うちの学校は宿題が多めなのかな？」とか、「このクラスの宿題の量は普通ではない！」とか、気づくこともあるでしょう。事情がみえてくると、そこから次の手を考えることができます。

もちろん、保護者の意識はさまざまです。保護者どうしで話すときでも、なかなか思いを理解してもらえず、よけいに落ち込むことがあるかもしれません。けれども、共感しながら話を聞いてくれる人がきっといます。同じような困りや悩みを抱えている保護者に出会うこともあるはずです。そうすれば、そこから新しい展開が始まります。

まわりの人と宿題を話題にするなかでは、「自主学習、私のところはこうしているよ」

「夏休みの宿題は、こういうふうにやっている」など、参考になる工夫に出会うこともあるでしょう。

子どもと自分を追いつめない

子どもが宿題に苦労しているようなら、子どもを追いつめないことが大切になります。子どもの負担を軽くする方法を考えましょう。担任の先生といっしょに考えられるとよいと思いますが、何かの事情で話がうまく進まない場合でも、保護者にできる工夫はありそうです。

子ども本人が納得するなら、保護者が宿題を代行してしまうのも一つの選択肢になるでしょう。

子どもの宿題に親が横から中途半端に口出しや手出しをすることは、親子両方のストレスになりやすいものです。何とか子ども自身に宿題をさせようとして親子げんかになるくらいなら、答えを教えるなりして手短に宿題を終わらせてもよいと思います。親が自ら鉛筆を握ってもかまいません。

それも親の負担にはなりますが、無理やり子どもに宿題をさせることに比べると、小さな負担ですむかもしれません。

保護者の代筆に気づく先生もいるでしょうが、先生には目をつぶってもらいましょう。すべては子どものためなのです。


とはいえ、保護者が宿題の援助をしなければいけないわけではありません。宿題をする義務が子どもにないのと同じように、子どもの宿題を手伝う義務は保護者にありません。

保護者が宿題を代行すること以外にも、子どもの重荷を軽くする方法はあります。「音読カード」に保護者がサインをすれば、音読の宿題は終わります。どこかに書かれている答えを子どもが丸写ししても、計算の宿題は終わります。「体調が悪くて宿題ができませんでした」と連絡帳に書けば、言い訳が立ちます。

ことがらの善悪を考えるのは二の次にしましょう。子どもたちが元気に生活できることが何よりです。子どもたちを追いつめて苦しめるのは、悪いことです。「インチキはいけない」といった道徳よりも、「子どもの最善の利益を考えなければならない」「子どもには遊びや休息を保障しなければならない」といった国際ルールを優先しましょう。

宿題の確認や丸つけを保護者が求められている場合には、おおらかな気持ちで臨みましょう。間違いを「見落とす」ことがあってもよいのです。どんどん見落としていきましょう。ゆがんだ字の修正を子どもに迫って、親子ともに嫌な気分になる必要はありません。

そんなことで漢字が身に付くのか、計算ができるようになるのか、といった疑問はあるでしょう。もっともな疑問です。けれども、「勉強は大丈夫なのか」を心配するだけでなく、「こんなに厳しくして大丈夫なのか」「こんなに勉強時間が長くて大丈夫なのか」「親子ともに宿題で不愉快な思いをしていて大丈夫なのか」を心配しましょう。

考えるとよいのは、「今、この子にとって大事なことは何か」です。おそらく、泣きながら漢字の書き直しをすることではありません。気持ちよく穏やかな夜を過ごすことでしょう。それは、保護者にとっても同じことだと思います。

状況によっては、子どものために保護者が壁となって立ちはだかり、宿題を拒否するという最終手段も考えられます。子ども本人が納得していないと話がこじれる可能性がありますが、学校の宿題は絶対にしなければならないものではありません。

先生と話し合ってみる ●●●

宿題についての「ごまかし」や「インチキ」は、あまり気持ちのよいものではありません。「嘘をつくことを教えてしまってよいのだろうか」と、ためらいを感じる人もいるでしょう。また、子ども本人が「ずる」に抵抗を感じることもあります。

子どもが宿題に苦しんでいるなら、本当は、関係者が話し合って最善の方法を探りたいところです。宿題に関して気になることがあったら、保護者の側から先生に話をしてみるとよいでしょう。

その際、この本で触れているような「宿題そもそも論」から入る必要はありません（入らないほうがよいと思います）。宿題の目的や宿題の効果についての一般論は、とりあえず置いておきましょう。

一般的に言って宿題に意味があろうとなかろうと、個別の場合に重要なのは、子ども本人が宿題に苦労しているという事実です。

実態を先生に伝えることが大切です。「宿題を変えてください」「宿題を減らしてください」といった要望を出す前に、まずは実情を知ってもらうのがよいでしょう。「うまく教科書を読めません」「字が上手に書けません」「夜の10時頃まで宿題をしていることが多いです」「宿題でイライラして、癇癪《かんしゃく》を起こすことがあります」といった事実を先生と共有しましょう。

ある保護者は、子どもが暴れた後の部屋の惨状を写真に撮り、先生に見てもらったそうです。そういうふうに先生との共通理解をつくっていくことが、その子の宿題を見直していく土台になります。

宿題を教えてもらえる学童保育

ある学童保育に見学に行ったとき、宿題についての対応を聞いてみました。「答えを教えることもある」という返事でした。さらに、「指導員が子どもっぽい字で書いたこともある」とのことでした（先生にばれたこともあるそうです）。

実際、見ていると、若い指導員が子どもの横に座って、計算問題の答えを紙に書いていきます。そして、子どものほうは、その答えを自分のノートに写していました。

そういう対応をするようになったのは、この数年のことだそうです。宿題でとても困っている子どもの姿があるといいます。「宿題が子どもたちに合っていないように思う」という話もありました。

指導員が「ずる」に手を貸していることに驚く人がいるかもしれません。「とんでもない学童保育だ！」と思う人もいるでしょう。

ただ、善し悪しをとやかく言う前に、私たちは、背景にある実態に目を向けなければなりません。学童保育で宿題の答えを教えるようになったのはなぜなのか。指導員が宿題の代筆をしなければならなかったのはどうしてなのか。

その学童保育では、子どもたちのことを第一に考えたとき、そういう対応をするしかなかったのだと思います。

2　教師にできること

宿題の実情を把握する

宿題をめぐる実態を知ることが、宿題に関する工夫の土台になります。子どもたちがどのように宿題に向き合っているのか、意識を向けていきましょう。

子どもたちの宿題の確認をすれば、「やってきた／やってこなかった」「よくできていた／間違いが多かった」といったことは把握できます。けれども、その宿題にどういう過程があったのか、子どもや保護者が何を考えたのかは、ほとんど把握できません。提出物からわかることは限られます。学校の外での子どもの様子、家庭の状況は、教師からは見えにくいものです。

子どもたちは毎日の宿題にどれくらいの時間をかけているのでしょう。どの時間帯に宿題をしているのでしょう。保護者は宿題にどう関わっているのでしょう。子どもたちは宿題をどう感じているのでしょう。

子どもたちや保護者に聞いてみたり、簡単なアンケートをしてみたりするのもよいかもしれません。

放課後に宿題をみる

宿題に苦労している子どもがいる場合には、そうした子どもの宿題を軽くするような個別的対応を考えることもできますが、放課後に教室で宿題に付き合うという方法もあります。

もっとも、学校で宿題をして帰ることが子どもに強要されると、子どもの生活が息苦しくなりそうです。また、現在の教師の忙しさなどからすると、すべての教師がぜひとも放課後に宿題の世話をするべきだとは言えません。

けれども、先生が宿題をみてくれることに助けられる子どもはいるでしょう。親身に接してくれる先生がいるという安心感につながる可能性もあります。

丸つけの押しつけをやめる

宿題の丸つけを保護者に求めるのは、避けたいものです。保護者の負担が増えるため、仕事や生活に困難を抱えている保護者の状況をより厳しいものにしかねません。また、丸つけは「お直し」とセットになることが多いため、親が子どもに「お直し」を求めることで、親子の衝突が増えてしまいます。

保護者による丸つけについて、「親子のコミュニケーションになる」などと理屈づけをするべきではありません。親子げんかもコミュニケーションの一つなのかもしれませんが、そんなコミュニケーションを求めている親子はいないでしょう。

宿題の丸つけをしなくても、親子のコミュニケーションは可能です。宿題の丸つけがないとコミュニケーションがとれないようなら、その背景にあるものをていねいに考えたほうがよさそうです。

個別的対応を考える

宿題をなくすわけにはいかない場合でも、子どもが宿題に追いつめられないようにすることが求められます。

宿題に大きな困難を抱える子どもについては、宿題の中身や宿題への取り組み方を調整するような個別的対応を考えることができます。

その際、おおらかな雰囲気が学級にあると、個別的対応も進めやすいと思います。「みんな同じように宿題をしなくても、悪いことはない」「宿題については、無理しなくていい」と子どもたちが思えるような環境が望まれます。

なお、「みんな同じ」と「個別的対応」の中間のような方法を考えることもできます。たとえば2種類の宿題を用意して、子どもたちが自分に合うと思うほうを選べるようにするという方法です。それが実際にされている例もあります。教師の手間は増えますが、検討に値する方式だと思います。

おおらかな対応を心がける

宿題の確認、宿題の丸つけにあたっては、おおらかさが大切になるでしょう。漢字の横棒が少し長すぎる、計算の答えは合っているけれど数字がひどく読みにくい、書かれた文の途中で文字が一つ抜けている、音読のサインの筆跡がどうも怪しい、といったことを気にし始めると、気になるところはいくらでも出てきます。けれども、厳格に宿題をチェックすると、子どもたちが苦しくなってしまいます。

良い意味での「いい加減」が求められるのではないでしょうか。「お直し」が多くならないようにしたいですし、宿題を理由に子どもたちの休み時間を奪わないようにしたいと思います。

宿題にコメントを添えるときも、おおらかな気持ちで、肯定的で楽しいコメントを書きたいものです。たとえば、「日記」の前半はきれいな字で書かれているのに、後半はほとんど読めないくらい乱雑な字で書かれていたとしましょう。「前半、すばらしい」と（嫌味っぽくなく）コメントされるのと、「最後まできちんと書きましょう」とコメントされるのでは、子どもが受ける印象は多少なりとも違ってきます。また、字の汚さには触れず、日記の内容についてコメントすればよいようにも思います。

宿題を減らす

できることなら、宿題は少なくしたいものです。宿題をなくすのが難しい状況のもとでも、宿題の量を減らすことは考えられるでしょう。さしあたり、まわりの学級、まわりの先生より宿題が多くならないように意識してみるのはどうでしょうか。

宿題として設定する内容を減らしにくい場合でも、子どもたちの負担が軽くなるような工夫をすることはできます。たとえば、授業が早く進んだときに、余った時間で宿題（になるはずの課題）をできるようにするというのも考えられます。そのようにすれば、子どもたちが放課後にする宿題は少なくなります。

なるべく楽しい宿題にする

どうせ宿題をするなら、おもしろい宿題のほうが、子どもたちは意欲的になれるでしょう。

漢字の宿題にしても、文字そのものや単語を繰り返し書いたり、味気ない文を書き写したりするよりは、愉快な雰囲気の文を書くほうが、いくらか前向きに取り組めそうです。我が家の子どもは、「図書室で半魚人を見かけた」「丸顔の雪女が店に来た」といった調子の、先生オリジナルの文で漢字の練習をしていました。

宿題の必要性を問い直す

長期的には、そもそも宿題が必要なのかどうか、考えていけたらと思います。

もともと宿題の存在理由は曖昧です。計算の練習や漢字の練習が不可欠なら、それは学校でしてもよいわけです。学校でするのが難しいのであれば、難しい事情のほうを変える努力をしてもよいわけです。現在の教育課程や教職員配置を不変のものとみることはありません。

機会があれば、教師仲間で宿題のことを話題にしてみるのもよいでしょう。宿題については、いろいろな意見や実践があるかと思いますが、ともかく宿題のことが意識にのぼることで、宿題についての議論が始まります。

宿題で苦労する子どもや大人が少なくなるよう、ともに議論を進めていきましょう。

3 宿題からの解放に向けて

私は、学校の宿題をなくしていくべきだと考えています。学校教育を学校の外に押しつけるべきではないし、子どもたちの自由な時間を大切にするべきだと思います。ただし、「今すぐ宿題をなくせば、すべてうまくいく」と言うつもりはありません。宿題の廃止を展望するうえでは、いくつか考えておきたいことがあります。

子どもの放課後・休日が豊かなものになるように

一つの問題は、学校の宿題が減ったからといって、それだけで自動的に子どもたちの生活が豊かなものになるわけでないということです。

宿題を減らすことに否定的な人からは、「宿題を減らしても、動画を観たりゲームをしたりする時間が増えるだけなのでは？」という意見が出されることがあります。米国の宿題論議のなかでも、「宿題があることで、子どもたちはテレビから遠ざけられ、あれこれのトラブルも減る」といったことが語られてきました（それへの批判もされてきました）。

子どもたちがスクリーンを見る時間を抑えるために宿題を課すというのは、おかしな話です（スクリーンを使う宿題なら、なおさらです）。「大人の労働時間を減らしても、お酒を飲んだりテレビを観たりする時間が増えるだけなのでは？」と言われたら、どうでしょうか。「おじさんやおばさんの自由時間が増えてもろくなことはないから、長時間労働をさせておいたほうがよい」などという主張は、とても受け入れがたいものです。ただ、「宿題をなくせば、子どもたちの放課後が充実する」とは、単純に言えない。それは事実だと思います。

どうすれば子どもたちの自由時間の中身が豊かなものになるのか、社会的支援のあり方を含めて、考えていく必要があります。

学童保育の指導員体制や施設設備を改善すること。音楽などの文化的活動やスポーツ活動に子どもたちが無料で参加できるように、社会教育の場を整えていくこと。自動車の往来を制限して、子どもたちが安心して歩いたり遊んだりできる道を取り戻すこと。児童館のように、自由に出入りできる居場所・活動場所を子どもたちに保障すること。子どもたちが好きなように遊べる空間を身近な地域に確保すること。

ほかにも多くのことが求められるでしょう。アイデアを出し合いながら、子どもたちが豊かに放課後・休日を過ごせるような社会をめざしたいものです。

子どもが無理して勉強しなくてもすむように

もう一つの心配は、宿題が減っても、子どもたちの自由時間が相応に増えるとは限らないということです。学校の宿題が少なくなるぶん、学習塾などの時間が拡大するかもしれません。ランドセル通学廃止が推進された頃の言葉で言えば、「別勉」が増える可能性があります。

また、宿題が減っていった場合の対応には、家庭の社会的・経済的な格差が強く反映されかねません。子どもの学力向上に熱心な家庭、お金に余裕のある家庭ばかりが「別勉」を増やすことで、子どもたちの学力格差が広がるかもしれません。

お金を「別勉」に注ぎにくい家庭からすると、学校の宿題が心強い味方に感じられたりもします。宿題をめぐる米国の議論のなかでも、貧困層や労働者階級の保護者が多量の宿題を望むことがあると指摘されています。[1] 学校の宿題は、見ようによっては、「無料の通信教育」なのです。そこに期待を寄せる人がいるのは、不思議なことではありません。日本では、1960年代に行われた調査で、「中流・下流といわれているところに、宿題への期待が比較的大きい」ことが示されていました。[2]

子どもたちが勉強に追い立てられる仕組みが解消されなければ、仮に学校から宿題がなくなったとしても、矛盾は残り続けます。十分な学習が昼間に学校で保障されるようにならないと、「学業」が学校の外にあふれます。

宿題の問題の根は、深いところにあります。

社会のあり方を問う

学校の宿題は、教育に関する研究の世界でも隅に置かれていて、小さな問題として扱われがちです。しかし、子どもたちの生活にとっては大きな問題であり、学校教育のあり方、さらには社会のあり方と密接につながっている問題です。

競争的な環境のもとで学力が重視される社会の構造、教師を含む大人の長時間労働、家庭を経済的困難から守らない社会保障政策、子ども自身の声を学校や社会に反映させていく仕組みの不備、子どもたちが放課後・休日を豊かに過ごすための社会的環境の貧弱さ、子どもたちの自由時間に入り込む消費文化や商業主義、宿題のための商品を売り込みたい企業の動きなど、さまざまなことが宿題に絡みついています。

現在の社会のあり方を批判的に問うことなしには、宿題の問題を解くことはできません。目の前の子どもたちの負担を軽くする工夫を重ねながら、問題の根本的な解決について考えていきたいと思います。

あとがき

小学生の頃、私も宿題をしていました。楽器が苦手で、ハーモニカやリコーダーと格闘した記憶があります。また、手先が不器用な私にとっては、家庭科の刺繍が強敵でした。授業時間だけではまるで終わらなくて、家で完成させていくことになり、結局は母親に助けてもらいました。

宿題に対する私的な恨みも抱きながら、学校の宿題のあり方に関して問題提起をしたいと考えてきました。けれども、日常のあれこれに追われるなかで、宿題についての研究をまとめることは、10年越しの宿題になってしまいました。今、やっと宿題を終えつつあり、少しホッとしています。

この宿題を仕上げるにあたっては、改めて、いろいろな方にお話をうかがいました。取材をさせていただいた保護者の方々、学校の先生、学童保育の指導員のみなさん、学童保育に通う子どもたちに、御礼の気持ちを伝えたいと思います。

また、かもがわ出版の吉田茂さんは、宿題をめぐる情報（エピソード）を教えてくれたり、本書の構成に助言をくれたりしながらも、厳しく「お直し」を迫ることはなく、執筆を温かく支えてくださいました。感謝しています。

みんなが宿題の重荷から解放されていくことを願っています。

２０２３年9月

丸山　啓史

〈注釈〉

第1章

（1）葉桜卯月（2018）「親から見た先生の働き方」『季刊ひろば――京都の教育』第193号、38頁

（2）辻真理子（2019）「学力競争に追われる子どもたち～テスト・宿題～親の立場からみて」『季刊ひろば――京都の教育』第198号、18頁

（3）土江あやこ（2018）「幸せに生きる方法」『季刊ひろば――京都の教育』第196号、20頁

（4）宮崎麻世（2022）「小学校における宿題に対する教師と保護者の意識に関する考察――フォーカス・グループ・インタビューの分析を通して」『学校改善研究紀要』第4巻

（5）角谷実（2020）「やめどきいまだなし」『教育』2020年4月号、79～80頁

（6）藤井美保（2019）「児童館にやってくる子どもたち」『季刊ひろば――京都の教育』第198号、22頁

第2章

（1）宮崎麻世（2022）「小学校における宿題に対する教師と保護者の意識に関する考察――フォーカス・グループ・インタビューの分析を通して」『学校改善研究紀要』第4巻

（2）家本芳郎（1997）『宿題 出す先生 出さない先生――一人ひとりを伸ばすために』学事出版、4頁

（3）丸山啓史（2013）「小学生の宿題に関する教員養成学部学生の意識――宿題に困難を抱える子ども・家庭への配慮に関わって」『京都教育大学教育実践研究紀要』第13号

（4）Cooper, H. (2007) *The Battle over Homework: Common Ground for Administrators, Teachers, and Parents (3rd ed.)*. Corwin Press. 30.

（5）杉村健（1990）「家庭学習の意義と方法――どこまで？ どのように？」『児童心理』1990年4月

号臨時増刊

（6）アルフィー・コーン（2021）『宿題をめぐる神話――教育改革へ知恵と勇気を持つために』友野清文・飯牟禮光里訳、丸善プラネット、30〜32頁

（7）淡野将太・浦内桜・越中康治（2022）「小学校における宿題と算数の成績の関連」『日本教育心理学会第64回総会発表論文集』

（8）住田裕子（2022）「小学生に宿題はなくてはならないか――選択制家庭学習の試みとその結果から」『日本教育心理学会第64回総会発表論文集』

（9）耳塚寛明・浜野隆・冨士原紀絵編（2021）『学力格差への処方箋――［分析］全国学力・学習状況調査』勁草書房、74頁

（10）佐藤秀夫（1999）「『宿題』はなぜ生まれたのだろう――その歴史の意味するところ」『おそい・はやい・ひくい・たかい』No.2

（11）次のような書籍があります。

・Kralovec, E. & Buell, J. (2000) *The End of Homework: How Homework Disrupts Families, Overburdens Children, and Limits Learning*. Beacon.

・Buell, J. (2004) *Closing the Book on Homework: Enhancing Public Education and Freeing Family Time*. Temple University Press.

・Bennet, S. & Kalish, N. (2006) *The Case Against Homework: How Homework Is Hurting Children and What Parents Can Do About It*. Three Rivers Press.

・Kohn, A. (2006) *The Homework Myth: Why Our Kids Get Too Much of a Bad Thing*. Da Capo Press.（アルフィー・コーン『宿題をめぐる神話――教育改革へ知恵と勇気を持つために』友野清文・飯牟禮光里訳、

丸善プラネット、2021年）
・Goldberg, K. (2012) *The Homework Trap: How to Save the Sanity of Parents, Students and Teachers.* Wyndmoor Press.
・Vatterott, C. (2018) *Rethinking Homework: Best Practices That Support Diverse Needs (2nd ed.).* ASCD.
（12）丸山啓史（2016）「宿題と学校における体罰との関連」『京都教育大学教育実践研究紀要』第16号
（13）片岡佳美（2018）『子どもが教えてくれた世界――家族社会学者と息子と猫と』世界思想社、67～68頁（第8章「小学生の宿題―受け身の訓練」）

第3章

（1）ベネッセ教育総合研究所（2023）「子どもの生活と学びに関する親子調査2022 ダイジェスト版」
（2）ベネッセ教育総合研究所（2022）「小中学校の学習指導に関する調査2021」
（3）ベネッセ教育総合研究所（2016）「第6回学習指導基本調査 DATA BOOK」
（4）前掲、ベネッセ教育総合研究所（2022）
（5）柴原来禄（2020）「もっと世界が広がるように③」『日本の学童ほいく』2020年6月号
（6）山下雅彦（2019）『平和と子どもの幸せを求めつづけて――困難な時代に子育て・教育の希望をさぐる』かもがわ出版、80頁
（7）佐藤学（2000）『「学び」から逃走する子どもたち』岩波書店
（8）志水宏吉・伊佐夏実・知念渉・芝野淳一（2014）『調査報告「学力格差」の実態』岩波書店
（9）耳塚寛明・浜野隆・冨士原紀絵編（2021）『学力格差への処方箋――［分析］全国学力・学習状況調査』

勁草書房、71頁

(10) 同前、75頁

(11) 同前、204頁

(12) アルフィー・コーン(2021)『宿題をめぐる神話――教育改革へ知恵と勇気を持つために』友野清文・飯牟禮光里訳、丸善プラネット、95頁

第4章

(1) 滋賀大キッズカレッジ手記編集委員会編(2010)『ぼく、字が書けない だけど、さぼってなんかいない』文理閣

(2) 竹田奈央・丸山啓史(2013)「発達障害のある小学生の宿題をめぐる実態と保護者の意識」『SNEジャーナル』第19巻

(3) 中西新太郎・谷口聡・世取山洋介(2023)『教育DXは何をもたらすか――「個別最適化」社会のゆくえ』大月書店

(4) 丸山啓史(2022)『気候変動と子どもたち――懐かしい未来をつくる大人の役割』かもがわ出版(第6章1節「ICT関連のもの」)

(5) ギヨーム・ピトロン(2022)『なぜデジタル社会は「持続不可能」なのか――ネットの進化と環境破壊の未来』児玉しおり訳、原書房

第5章

(1) 阿久津真梨子(2017)「小学生の宿題と家族負担に関する研究」『教育福祉研究』第22号

（2）倉石一郎（2021）『教育福祉の社会学――〈包摂と排除〉を超えるメタ理論』明石書店（補章「〈宿題〉からみた包摂と排除――教育総動員体制論序説」）
（3）金澤ますみ（2019）「『学校以前』を直視する」佐々木宏・鳥山まどか編『教える・学ぶ――教育に何ができるか』明石書店、231頁
（4）株式会社日本総合研究所（2022）「ヤングケアラーの実態に関する調査研究」
（5）澁谷智子（2018）『ヤングケアラー――介護を担う子ども・若者の現実』中公新書、50頁
（6）同前、174頁
（7）山口真美（2018）「学校が家庭に求める役割とその代替のリアリティ――社会経済的に厳しい校区を有する学校に着目して」『教育学研究』第85巻第4号
（8）塚本章人（2014）『宿題なんかこわくない――発達障害児の学習支援』かもがわ出版、22～23頁
（9）丸山啓史（2020）「近年の家庭教育政策に対する批判のあり方をめぐる問題――親の『第一義的責任』の位置づけに着目して」『京都教育大学紀要』第137号
（10）丸山啓史（2021）「子どもの権利条約における親の『第一義的責任』――解釈と訳語をめぐる問題」『京都教育大学紀要』第138号

第6章

（1）丸山啓史（2016）「1960年代におけるランドセル通学廃止の経過――宿題にみられる学校教育の家庭依存に関わって」『子ども社会研究』22号
（2）柳澤靖明・福嶋尚子（2019）『隠れ教育費――公立小中学校でかかるお金を徹底検証』太郎次郎社エディタス

（3）刀禰館正也（１９６７）「人間回復の教育——西宮市における教育正常化運動」『部落』１９６７年臨時号、21頁

（4）同前、31頁

（5）同前、21頁

（6）刀禰館正也（１９６７）「わたしの望む教育の正常化——正しい家庭と学校の分業を目ざして」『児童心理』１９６７年12月号、１５０頁

（7）同前、１５０～１５１頁

（8）安藤陽平（２０２１）「学校教育の逆説——安岡章太郎『宿題』」『立命館文學』第６７５号

（9）前掲、刀禰館「わたしの望む教育の正常化」、１５０頁

（10）前掲、刀禰館「人間回復の教育」、30頁

（11）佐藤秀夫（１９８７）『学校ことはじめ事典』小学館（「ランドセル」）

第7章

（1）Buell, J. (2004) *Closing the Book on Homework: Enhancing Public Education and Freeing Family Time.* Temple University Press.

（2）三井為友（１９６９）「宿題の社会学」『児童心理』１９６９年6月号、28頁

【著者プロフィール】

丸山　啓史（まるやま　けいし）
1980年 大阪府生まれ
東京大学大学院教育学研究科博士課程修了、博士（教育学）
京都教育大学准教授
子どもの権利条約 市民・NGOの会 共同代表
著書に、『私たちと発達保障――実践、生活、学びのために』（全障研出版部、2016年）、『気候変動と子どもたち――懐かしい未来をつくる大人の役割』（かもがわ出版、2022年）など

●学校の宿題に関する論稿に、「小学生の宿題に関する教員養成学部学生の意識―宿題に困難を抱える子ども・家庭への配慮に関わって」『京都教育大学教育実践研究紀要』13号（2013年）、「1960年代におけるランドセル通学廃止の経過―宿題にみられる学校教育の家庭依存に関わって」『子ども社会研究』22号（2016年）、「宿題のどこが問題か」『教育』891号（2020年）など

宿題からの解放――子どもも親も学校も、そして社会も

2023年11月25日　第1刷発行

著　者　丸山啓史
発行者　竹村正治
発行所　株式会社 かもがわ出版
〒602-8119　京都市上京区堀川通出水西入ル
TEL 075(432)2868　FAX 075(432)2869
振替 01010-5-12436
ホームページ http://www.kamogawa.co.jp
印刷所　シナノ書籍印刷株式会社

ISBN978-4-7803-1302-4 C0037